BIBLIOTHÈQUE
du
MOUVEMENT SOCIALISTE

J. GUESDE, H. LAGARDELLE, É. VAILLANT

Le Parti Socialiste
et la
Confédération du Travail

DISCUSSION

PARIS
LIBRAIRIE DES SCIENCES POLITIQUES & SOCIALES
MARCEL RIVIÈRE
30, rue Jacob

BIBLIOTHÈQUE

du

MOUVEMENT SOCIALISTE

V

Jules GUESDE, Hubert LAGARDELLE
et Edouard VAILLANT

LE
PARTI SOCIALISTE

ET LA

CONFÉDÉRATION
DU TRAVAIL

PARIS

LIBRAIRIE DES SCIENCES POLITIQUES & SOCIALES

Marcel RIVIÈRE

3o, Rue Jacob

1908

TABLE DES MATIÈRES

INTRODUCTION

A défaut d'un exposé historique — que nous ne pouvons faire ici —
de l'attitude des diverses fractions socialistes à l'égard du mouvement
syndical, nous reproduisons les quelques documents indispensables
à l'intelligence de la discussion qu'on va lire.

I. — La thèse de l'union des syndicats et du parti socialiste
soutenue par Guesde — et qui fut toujours celle de l'ancien Parti
Ouvrier Français — fut portée au Congrès socialiste de Limoges, en
1906, par la Fédération socialiste du Nord. Cette dernière l'avait
formulée en ces termes :

« Considérant que c'est la même classe, le même prolétariat qui
« s'organise et agit, qui doit s'organiser et agir, en syndicats ici, sur
« le terrain corporatif, en parti socialiste là, sur le terrain politique ;
« Que si ces deux modes d'organisation et d'action de la même
« classe ne sauraient être confondus, distincts qu'ils sont et doivent
« rester de but et de moyens, ils ne sauraient s'ignorer, s'éviter, à
« plus forte raison s'opposer, sans diviser mortellement le prolé-
« tariat contre lui-même et le rendre incapable d'affranchissement ;
« La Fédération du Nord décide :
« Il y a lieu de pourvoir à ce que, selon les circonstances, l'action
« syndicale et l'action politique des travailleurs puissent se concerter
« et se combiner.
« A cet effet, la Confédération générale du travail devenue, par
« l'afflux de tous les syndicats, la représentation totale des organi-
« sations corporatives françaises, sera invitée à s'entendre avec le
« Conseil national du Parti socialiste (Section française de l'Interna-
« tionale ouvrière), soit sous forme de délégation permanente, soit
« par voie de délégation spéciale, au fur et à mesure des décisions à
« prendre.
« En cas de refus de la Confédération du Travail, cette entente
« nécessaire devra être poursuivie soit localement, entre le ou les
« Syndicats de chaque commune et la section du Parti, soit départe-
« mentalement, entre les syndicats fédérés de chaque département
« et la Fédération départementale du Parti. »

Au cours de la discussion, devant le Congrès, cette proposition fut
amputée par ses auteurs de ses deux derniers paragraphes et devint
la motion Dumas :

« Considérant que c'est la même classe, le même prolétariat qui
« s'organise et agit, qui doit s'organiser et agir, en syndicats ici, sur
« le terrain corporatif, en parti socialiste là, sur le terrain politique ;
« Que si ces deux modes d'organisation et d'action de la même

« classe ne sauraient être confondus, distincts qu'ils sont et doivent
« rester de but et de moyens, ils ne sauraient s'ignorer, s'éviter, à
« plus forte raison s'opposer sans diviser mortellement le prolétariat
« contre lui-même et le rendre incapable d'affranchissement ;

« Le Congrès déclare :

« Il y a lieu de pourvoir à ce que, selon les circonstances, l'action
« syndicale et l'action politique des travailleurs puissent se concerter
« et se combiner. »

Cette motion fut repoussée par 148 voix contre 130.

Elle fut reprise, au Congrès socialiste de Nancy de 1907, par la
Fédération de la Dordogne, dans la forme suivante :

« Considérant que les Congrès internationaux ont été unanimes à
« affirmer la nécessité de l'organisation et de l'action corporative ou
« syndicale « pour combattre la toute-puissance du capital et amé-
« liorer la situation des ouvriers dans la société actuelle », et qu'ils
« faisaient un devoir à tous les travailleurs « d'appartenir au syndi-
« cat de leur profession » ;

« Considérant qu'en même temps que la nécessité de cette organi-
« sation et de cette action corporative ou syndicale, les mêmes
« Congrès ont unanimement affirmé qu'elle « ne saurait suffire à
« l'émancipation de la classe laborieuse », qu'elle « ne saurait suppri-
« mer, mais seulement atténuer l'exploitation capitaliste », que
« l'exploitation des ouvriers ne prendra fin que lorsque la société
« elle-même aura pris possession de tous les moyens de production,
« et que cette socialisation est subordonnée à la conquête du pouvoir
« politique par les travailleurs en parti politique de classe » ;

« Considérant, d'autre part, que c'est la même classe qui, pour
« l'amélioration de ses conditions de travail et de vie et pour son
« affranchissement intégral, est appelée à s'organiser et à agir sur le
« terrain corporatif et sur le terrain politique et que ces deux modes
« d'organisation et d'action, pour distincts qu'ils doivent rester, ne
« sauraient s'ignorer et se contrecarrer sans diviser mortellement le
« prolétariat lui-même ;

« Le Congrès décide qu'il y a lieu de pourvoir à ce que, selon les
« circonstances, l'action syndicale et l'action politique des travailleurs
« puissent se concerter et se combiner nationalement et internatio-
« nalement. »

II. — La thèse affirmant à la fois l'indépendance de la C. G. T. et
du parti, et leur égale valeur socialiste, défendue par Vaillant au
Congrès de Nancy de 1907, avait été formulée, au Congrès de Limoges
de 1906, par Jaurès, au nom de la Fédération du Tarn. La motion
proposée disait :

« Le Congrès, convaincu que la classe ouvrière ne pourra s'affran-
« chir pleinement que par la force combinée de l'action politique et
« de l'action syndicale, par le syndicalisme allant jusqu'à la grève
« générale et par la conquête de tout le pouvoir politique en vue de
« l'expropriation générale du capitalisme ;

« Convaincu que cette double action sera d'autant plus efficace que
« l'organisme politique et l'organisme économique auront leur
« pleine autonomie ;

« Prenant acte de la résolution du Congrès d'Amiens, qui affirme
« l'indépendance du syndicalisme à l'égard de tout parti politique et
« qui assigne en même temps au syndicalisme un but que le socia-
« lisme seul, comme parti politique, reconnaît et poursuit ;

« Considérant que cette concordance fondamentale de l'action
« politique et de l'action économique du prolétariat amènera néces-
« sairement, sans confusion, ni subordination, ni défiance, une libre
« coopération entre les deux organismes ;

« Invite tous les militants à travailler de leur mieux à dissiper
« tout malentendu entre la Confédération du Travail et le Parti
« socialiste. »

C'est pour cette résolution que se prononça le Congrès, par 148 voix
contre les 130 obtenues par la motion Dumas.

Au Congrès de Nancy, la même thèse fut présentée par la Fédération du Cher, dans la motion qui suit :

« Le Congrès, convaincu que la classe ouvrière ne pourra s'affran-
« chir pleinement que par la force combinée de l'action politique et
« de l'action syndicale, par le syndicalisme allant jusqu'à la grève
« générale et par la conquête de tout le pouvoir politique en vue de
« l'expropriation générale du capitalisme ;

« Convaincu que cette double action sera d'autant plus efficace que
« l'organisme politique et l'organisme économique auront leur pleine
« autonomie, le syndicalisme se proposant le même but que le socia-
« lisme ;

« Considérant que cette concordance fondamentale de l'action
« politique et de l'action économique du prolétariat assurera néces-
« sairement, sans confusion, ni subordination, ni défiance, une libre
« coopération entre les deux organismes ;

« Invite tous les militants à travailler de leur mieux à dissiper
« tout malentendu entre l'organisation corporative et l'organisation
« politique de la classe ouvrière. »

167 mandats se prononcèrent pour cette résolution, contre 141
recueillis par la résolution rivale de la Fédération de la Dordogne.

III. — La thèse syndicaliste, telle que nous avons essayé de l'ex-
poser au Congrès de Nancy, s'appuie sur la motion votée par le
Congrès syndical d'Amiens de 1906, et qui porte :

« Le Congrès confédéral d'Amiens confirme l'article 2 constitutif
« de la Confédération Générale du Travail, disant :

« La Confédération Générale du Travail groupe, en dehors de toute
« école politique, tous les travailleurs conscients de la lutte à mener
« pour la disparition du salariat et du patronat. »

« Le Congrès considère que cette déclaration est une reconnais-
« sance de la lutte de classe qui oppose sur le terrain économique
« les travailleurs en révolte contre toutes les formes d'exploitation

« et d'oppression, tant matérielles que morales, mises en œuvre par
« la classe capitaliste contre la classe ouvrière ;

   « Le Congrès précise, par les points suivants, cette affirmation
« théorique :

   « Dans l'œuvre revendicatrice quotidienne, le syndicalisme poursuit
« la coordination des efforts ouvriers, l'accroissement du mieux-
« être des travailleurs par la réalisation d'améliorations immédiates,
« telles que la diminution des heures de travail, l'augmentation des
« salaires, etc. Mais cette besogne n'est qu'un côté de l'œuvre du
« syndicalisme ; il prépare l'émancipation intégrale qui ne peut se
« réaliser que par l'expropriation capitaliste ; il préconise comme
« moyen d'action la grève générale et il considère que le syndicat,
« aujourd'hui groupement de résistance, sera, dans l'avenir, le groupe
« de production et de répartition, base de la réorganisation sociale ;

   « Le Congrès déclare que cette double besogne quotidienne et
« d'avenir découle de la situation des salariés qui pèse sur la classe
« ouvrière et qui fait à tous les travailleurs, quelles que soient leurs
« opinions ou leurs tendances politiques ou philosophiques, un
« devoir d'appartenir au groupement essentiel qu'est le syndicat ;

   « Comme conséquence, en ce qui concerne les individus, le Congrès
« affirme l'entière liberté pour le syndiqué de participer en dehors
« du groupement corporatif à telles formes de lutte correspondant à
« sa conception philosophique ou politique, se bornant à lui deman-
« der, en réciprocité, de ne pas introduire dans le syndicat les
« opinions qu'il professe au dehors ;

   « En ce qui concerne les organisations, le Congrès déclare qu'afin
« que le syndicalisme atteigne son maximum d'effet, l'action écono-
« mique doit s'exercer directement contre le patronat, les organisa-
« tions confédérées n'ayant pas, en tant que groupements syn-
« dicaux, à se préoccuper des partis et des sectes qui, en dehors
« et à côté, peuvent poursuivre, en toute liberté, la transformation
« sociale. »

   C'est à la condition d'avoir présents à l'esprit les textes qui pré-
cèdent, que l'on saisira la portée des trois thèses développées au
Congrès de Nancy.

                                        H. L.

Le Parti Socialiste

et la

Confédération Générale du Travail

Au Congrès Socialiste de Nancy

(11-15 août 1907)

Extrait du compte rendu sténographique officiel édité par le Parti Socialiste (p. 455 à p. 522).

Le Président. — ..... Nous continuons la discussion sur les rapports du Parti Socialiste et des Syndicats. La parole est au citoyen Hubert Lagardelle :

Hubert LAGARDELLE

Citoyennes et citoyens, Il y a de multiples raisons qui, selon moi, militent en faveur de la motion qui vous est présentée par la Fédération du Cher. Non pas — je le dis tout de suite, pour répondre à la question qu'on me posait ce matin — que j'aie à accepter personnellement, en tant que syndicaliste, tous les considérants qui la motivent. Il ne s'agit pas de cela. Le jour où, dans un Congrès du Parti Socialiste, sera posée dans toute son ampleur la question du syndicalisme, nous la discuterons. Aujourd'hui, le problème est tout autre : il faut savoir si, dans les rapports du

Parti Socialiste et de la Confédération Générale du Travail, le *statu quo* va être maintenu. Je ne vois, pour ma part, dans la discussion actuelle, dans le heurt des motions en présence, que cet intérêt primordial : l'autonomie des deux organismes sera-t-elle respectée, oui ou non ?

La motion de la Fédération du Cher dit explicitement : oui; la motion de la Fédération de la Dordogne répond implicitement : non. Ah! je sais bien, les défenseurs de cette dernière ont pu faire remarquer, à cette tribune, que les deux résolutions aboutissaient à des conclusions peu dissemblables dans la forme. Et il est vrai, en effet, que la motion de la Dordogne demeure vague dans l'indication des moyens à employer pour établir cet accord plus ou moins organique qu'elle préconise entre le Parti Socialiste et la Confédération du Travail, si bien qu'on pourrait artificieusement soutenir qu'elle aussi ne poursuit d'autre but que cette entente « spontanée » dont parle la motion du Cher. Oui, cela est vrai, mais il est encore plus vrai que l'esprit de l'une et l'autre motion est à ce point différent que personne, ici, comme ailleurs, n'a pu se tromper sur leur signification réelle. Au demeurant, même si ce rapprochement était encore plus exact, il reste une raison majeure, selon moi, de voter la résolution du Cher et de rejeter la résolution de la Dordogne, et c'est ici qu'éclate leur différence irréductible. Cette raison, c'est que si la motion du Cher ne s'inspire d'aucune attitude dogmatique, si elle laisse le champ libre aux recherches de la pensée socialiste, si même en un sens, par cela seul qu'elle proclame l'indépendance de la Confédération du Travail, elle reconnaît la valeur dominante de l'expérience syndicaliste, la motion de la Dordogne, au contraire, dans des considérants rigoureux et précis, qui constituent un tout doctrinal et logique, affirme une conception du socialisme aujourd'hui dépassée et condamnée par la pratique ouvrière.

Oui, et c'est la base de toute mon argumentation, je dis à

Guesde et à ses amis, les promoteurs de la motion de la Dordogne : Les idées que vous défendez ont eu autrefois leur raison d'être et vous avez pu les soutenir au nom de la lutte de classe, mais elles sont maintenant périmées et ne correspondent ni aux exigences de la réalité ni aux sentiments du prolétariat. Il y a toute une série de changements qui se sont produits, que vous avez ignorés d'abord, que vous avez combattus ensuite, et dont vous vous obstinez à ne pas tenir compte. Prenez garde ! Pour des révolutionnaires, c'est se montrer étrangement conservateurs que de s'immobiliser dans une conception ancienne et de croire qu'on a trouvé une fois pour toutes la formule définitive. C'est là une confiance en soi-même, un orgueil intellectuel qui ne nous sont pas permis. Croyez-moi : nous, qui ne ménageons pas notre critique à la société bourgeoise, nous devons en réserver quelque peu pour nous-mêmes et avoir le courage, si nous voulons être des hommes de notre temps, d'écouter la leçon des faits.

Eh ! sans doute, il y a vingt-cinq ou trente ans, au début du mouvement socialiste en France, lorsque les rares Syndicats existants étaient modérés et gouvernementaux, lorsque le socialisme se trouvait naturellement concentré dans les partis politiques, lorsqu'on n'accordait pas aux institutions ouvrières le rôle principal qu'elles ont conquis depuis, vous pouviez avoir raison et en fait vous aviez raison. Mais les temps sont changés, et vous n'avez pas le droit d'identifier le syndicalisme d'aujourd'hui au corporatisme d'alors, d'assimiler comme vous le faisiez classe ouvrière et Parti Socialiste, et de conserver au socialisme des partis et des parlements le pas que vous lui donniez sur le socialisme des institutions. Ce sont là, à mon sens, les trois erreurs graves que vous commettez et sur lesquelles je veux retenir un moment l'attention du Congrès.

Vous confondez corporatisme et syndicalisme. J'ai dit

que cette confusion avait chez vous une origine historique,
et je m'explique: En ne concédant aux Syndicats qu'un rôle
subalterne et mineur, vous raisonnez toujours comme si
vous n'aviez encore devant vous que ce mouvement professionnel d'inspiration purement corporative limité à la défense du salaire et à la réduction de la journée de travail,
que vous avez trouvé devant vous, lorsque, après 1876-77,
vous avez repris en France la propagande socialiste inter-
rompue depuis la Commune. Certes, c'est votre honneur, à
vous Guesde, d'avoir, en face de ces organisations enlisées
dans ce que vous appeliez « l'ornière corporative », jeté le
cri d'alarme, et j'ai à peine besoin de rappeler que votre
protestation, tant elle exprimait la vérité du moment,
était la protestation unanime de tous les socialistes, de
tous les révolutionnaires d'alors. En 1876, de Londres,
était parti un appel au prolétariat militant, signé de
Vaillant et ses amis, qui, au lendemain de ce premier
Congrès ouvrier, tenu récemment à Paris et dont la mo-
dération avait fait la stupeur et la joie de la presse bourgeoise, mettait les travailleurs en garde et leur disait :
Faites attention, le mouvement corporatif qui se dessine
ne peut conduire qu'à une incorporation à la société capitaliste et à la mort de tout idéal révolutionnaire ! Et c'est
alors qu'inspiré par cet état de choses, vous avez opposé,
avec une force incomparable, la lutte de classe à la lutte
corporative.

En même temps que vous les arrachiez par ailleurs à
l'illusion coopérative, vous dénonciez aux militants ouvriers
ce qu'avait d'utopique et de vain la poursuite isolée, par
chaque groupe professionnel, de ses intérêts particuliers de
corporation, au mépris des intérêts généraux de la classe
tout entière, et vous leur montriez comment le point de vue
corporatif leur cachait le point de vue de classe, comme
l'arbre cache la forêt. Grâce à vous, ils comprirent que le
prolétariat n'a pas à participer au fonctionnement de la

société moderne, même en obtenant dans ses cadres des avantages matériels; qu'il ne doit pas se diviser contre lui-même, se morceler en fractions infinitésimales et hostiles dans la poursuite des revendications spéciales à chacune d'elles; mais que, étroitement uni dans une pensée commune, résorbant en quelque sorte sa diversité intérieure en une unité plus haute, il lui faut se dresser contre la bourgeoisie, d'un seul élan, classe contre classe, et lui jeter en défi son idéal. *(Applaudissements.)*

Puis, vous leur avez indiqué que, pour réaliser cette pensée commune, seule capable d'opérer le passage de l'état dispersé à l'état concentré, du particularisme corporatif à l'organisation de classe, de la diversité à l'unité, il fallait qu'un grand but politique soulevât la classe ouvrière. Et vraiment, c'est bien par cette transmutation du particulier en général que la lutte de classe est une lutte politique. Ce n'est que lorsque les questions se dépouillent de leurs aspects singuliers pour revêtir un aspect commun, qu'elles peuvent créer entre les prolétaires ce lien intérieur, ce ciment moral qu'est la conscience de leur solidarité.

Mais quelle politique pensiez-vous que pût faire à ce moment, avec les éléments dont elle disposait, la classe ouvrière? C'était la politique de parti. Et c'est ici que les circonstances ont commandé votre pensée. La politique de classe que vous préconisiez, ne pouvait évidemment pas relever de ces Syndicats enfermés dans des préoccupations exclusives que vous aviez sous les yeux. Alors il vous a semblé que la classe ouvrière n'avait qu'à entrer dans la voie traditionnelle de la politique électorale et user à son tour, pour former son Parti à elle, du suffrage universel :
— La classe ouvrière, disiez-vous, a confiance, à tort ou à raison, dans le suffrage universel. Profitons de cette confiance plus ou moins raisonnée pour nous jeter dans la lutte électorale, et là, battre le rappel de tous les ouvriers égarés dans les Partis bourgeois, de façon à faire de leur

masse un bloc, une force distincte qu'on lancera contre le régime capitaliste. Participons donc aux élections, au mouvement politique général, avec, comme objectif, non pas de pénétrer au Parlement d'une façon méthodique et constante, non pas d'opposer au parlementarisme bourgeois un parlementarisme ouvrier, mais de grouper tous les membres épars de la famille ouvrière en un grand Parti de classe, qui, au jour de la Révolution sociale, s'emparera de l'État et transformera la société.

Je suis de ceux qui pensent que cette conception était conforme aux exigences du milieu et de l'heure où elle s'est produite. Il n'y avait pas, en dehors du Parti Socialiste commençant, une force d'inspiration révolutionnaire qui portât en elle les idées essentielles de lutte de classe, et il allait de soi que ceux qui s'étaient levés avant les autres, qui, au plus pressé, empruntaient les formes coutumières des partis politiques, s'affirmassent les éducateurs du prolétariat attardé. Et c'est ce qui explique que, par voie de généralisation naturelle, vous ayez cru qu'en tout temps et en tout lieu, dans l'œuvre de la transformation sociale, la première place revenait au Parti et la dernière aux Syndicats.

C'était donner une valeur d'absolu à ce qui n'était que relatif, et la suite l'a prouvé. Que s'est-il passé ? Traité en mineur par le Parti Socialiste qui devait l'éduquer, le mouvement syndical est naturellement tombé sous sa tutelle. Or, il n'y avait pas en France qu'un Parti Socialiste : il y en avait plusieurs, ennemis et jaloux. Si bien que tous ces Partis se mirent à la poursuite des Syndicats et revendiquèrent tous le droit de les attacher à leur politique particulière. Représentez-vous alors la situation du syndiqué dans son Syndicat. Sollicité de tous côtés, tiraillé de part et d'autre, il finissait par s'inféoder à la première fraction venue, pendant que son voisin s'affiliait à la fraction rivale. Comment se serait-il retrouvé dans ce chaos, au milieu d

mille voix contraires lui disant toutes : C'est moi qui suis
la vérité socialiste ! Si tu veux t'émanciper, viens à moi !
Il en résulta un désarroi formidable dans cette classe ouvrière qu'on voulait grouper, et ce qui devait faire l'union
n'engendra que la désunion.

Ah ! je n'accuse personne et je ne dis pas à Guesde : C'est
votre faute. Je dis seulement : C'est la faute des circonstances et des moyens dont vous disposiez. Et les faits
vous l'ont bien montré, par l'histoire même de cette « Fédération Nationale des Syndicats », qui a été la doublure
corporative de votre parti politique. C'est là une expéri-
mentation probante de vos conceptions, faite par vous-
même et avec toutes les chances de réussite. Oui, il y a
eu en France, à un moment donné, une organisation cen-
trale des Syndicats qui a dépandu d'une fraction socialiste
importante, qui a été la succursale du « Parti Ouvrier
Français » sur le terrain professionnel, à tel point que les
Congrès des deux groupements se tenaient dans les mêmes
villes avec les mêmes hommes, — et son insuccès est pourtant dans toutes les mémoires. Vous vous souvenez, en effet,
avec quelle rapidité la « Fédération Nationale des Syndicats » se désagrégea après le Congrès de Nantes de 1894, et
moi-même, à Ivry, en 1897, dans un Congrès dit « syndical »
où les syndiqués étaient l'exception, j'en ai vu la fin finis-
sante.

Mais ce n'est pas tout, et ces causes de division ont en-
gendré d'autres causes encore. Par un mouvement contraire
à celui qui avait plus ou moins entraîné la subordination
des Syndicats aux divers Partis Socialistes, s'est développée
une ardente opposition anarchiste antiparlementaire, qui
est venue solliciter à son tour la classe ouvrière. En face
de la parlementarisation ou des tentatives de parlementarisation du prolétariat, il était fatal que se créât un fort cou-
rant d'antiparlementarisme, qui devait, lui aussi, importer
dans les Syndicats sa politique propre. De sorte que les

Syndicats, déjà disloqués par les rivalités des fractions socialistes, qui toutes voulaient leur infuser la vérité révolutionnaire et qui l'une après l'autre leur disaient : Votez pour
moi, se sont trouvés livrés à une propagande contraire,
dont le mot d'ordre était : Ne votez pas !

Et ainsi ballotté du socialisme parlementaire à l'anar-
chisme antiparlementaire, le mouvement syndical a été dé-
sorienté jusqu'en 1900-1901. A ce moment, par suite de
circonstances politiques dont vous vous souvenez, et qu'on
vous rappelait ce matin, la classe ouvrière, qui avait longtemps espéré en France dans l'État démocratique, a pu se
rendre compte, à l'expérience, de ce que valait, même avec
des ministres socialistes, son fonctionnement régulier et
normal. Il s'est produit alors dans la conscience ouvrière
un brusque déclanchement et les travailleurs se sont dit :
Mais l'État populaire qu'on nous promettait est identique,
sinon dans ses modalités du moins dans ses conséquences,
à l'État réactionnaire ou conservateur qu'on nous a fait
combattre comme seul responsable de tous nos maux. État
il était, État il demeure : quelque supérieure qu'elle soit
aux formes antérieures, la forme démocratique n'en change
pas le fond et il reste toujours, sous la diversité des appa-
rences, la même force coercitive au service de l'ordre bourgeois. Bien plus ! il est d'autant plus dangereux qu'il est
plus perfide, et il est d'autant plus perfide qu'il se donne
comme le gouvernement du peuple et que ses libéralités
philanthropiques ne sont que présents empoisonnés. C'est
cette lutte contre la forme démocratique de l'oppression capitaliste, contre l'État des Millerand et des Waldeck-Rous-
seau, contre les partis populaires qui les soutenaient, c'est
cette lutte qui a définitivement rejeté la classe ouvrière,
déjà éloignée des partis politiques pour les raisons que j'ai
rapportées, dans ses institutions syndicales comme dans ses
retranchements naturels. Et voilà comment ce prolétariat,
divisé depuis longtemps par les rivalités socialistes et

anarchistes, désillusionné par l'accès au pouvoir des
« amis du peuple », s'est replié sur lui-même et s'est de-
mandé si les temps n'étaient pas venus de faire ses affaires
lui-même.

Ce syndicalisme naissant, qui avait été entrevu et formulé
en partie par la Fédération des Bourses du travail et son
secrétaire Pelloutier, trouvait un cadre d'organisation tout
prêt dans cette Confédération Générale du Travail, qui
avait été créée en 1895, et dont déjà, à ce moment, des socialistes révolutionnaires, comme le citoyen Vaillant, avaient
pressenti toute l'importance. Et, Renard ou Marius André,
je ne sais lequel, y faisaient allusion ce matin, il s'est passé
alors une chose étonnante : par réaction contre ce que
j'appellerai, du point de vue socialiste, le péril démocratique, par opposition aux tentatives de gouvernementalisa-
tion de la classe ouvrière, tous les ouvriers révolutionnaires,
et de toutes nuances, se sont instinctivement groupés et ont
fait bloc. Socialistes, anarchistes, libertaires, ils se sont
tous unis contre le danger commun, et c'est de cette union
qu'est né ce mouvement nouveau qui s'est appelé le syndicalisme. Car, en même temps qu'ils se groupaient, ils se
transformaient, et tandis que des socialistes, comme Grif-
fuelhes, comme Luquet, comme d'autres, condamnaient
celles de leurs croyances politiques qui ne correspondaient
plus aux réalités du moment, des anarchistes, comme Pou-
get, comme Delesalle, comme d'autres, modifiaient sensiblement leur action et participaient plus activement à l'organisation méthodique de la classe ouvrière. Oui, ces anarchistes, qu'on nous montre toujours comme des propagan-
distes de l'ancien antiparlementarisme stérile, ont été, eux
aussi, profondément influencés par les faits. (*Approbation.*)
Et c'est par suite de cette évolution générale, par la fusion
progressive de tous les éléments dans la même action commune, par l'élimination de toutes les survivances du passé,
qu'il s'est créé au sein du mouvement ouvrier une politique

de classe, ni socialiste parlementaire, ni anarchiste anti-
parlementàire, mais syndicaliste, une politique propre au
prolétariat, lequel devenu maître de ses destinées, a su dire
enfin : Moi seul, et c'est assez ! (*Applaudissements*.)

Ah ! oui, Guesde avait raison d'observer que sans une
grande idée générale, sans une idée politique, il n'y a pas de
lutte de classe, de vaste mouvement d'ensemble du prolétariat. Mais cette idée politique n'est pas l'idée politique traditionnelle, comme le croyait Guesde, celle qui inspire les
partis marchant à la conquête du pouvoir et rêvant d'utiliser
l'État pour leurs fins personnelles. C'est une idée neuve,
que la classe ouvrière a dégagée de sa pratique et qui se
résume dans ces mots : la lutte de classe doit être menée
par des organisations de classe. Et cette politique, qui
oppose les institutions ouvrières aux institutions capitalistes
et leur donne une si haute portée révolutionnaire, cette politique est la seule qui puisse unifier la classe ouvrière,
l'arracher au particularisme corporatif, aux préoccupations
égoïstes de métier, pour la constituer en cette force distincte
dont parlait Guesde. Qu'y a-t-il de commun, je vous le demande, entre ces Syndicats parvenus à la majorité politique, et ces groupements corporatifs dont vous combattiez
justement les tendances conservatrices ? Pouvez-vous pré-
tendre toujours que les Syndicats ne doivent être, selon
votre mot, ni rouges, ni jaunes, mais neutres ? Pouvez-vous
réserver encore le monopole de l'action révolutionnaire au
Parti Socialiste et réléguer les Syndicats dans des besognes
platement réformistes ? Mais, après tout ce qui s'est passé
dans ces dernières années, après l'attitude respective de la
Confédération du Travail et du Parti Socialiste, ce serait
nier la lumière du jour et fermer volontairement les yeux à
toute évidence.

Et n'allez pas contester l'exactitude des observations que
je viens de vous soumettre, car elles ne me sont pas personnelles; elles ont été solennellement formulées dans une

résolution admirable de netteté, votée à la presque unanimité des délégués, par ce récent congrès d'Amiens, qui a si inexorablement condamné vos propres théories. Oui, ces idées syndicalistes, c'est la classe ouvrière elle-même qui les a dégagées au cours de son expérience, en dehors de toute influence extérieure, que dis-je ? contre toute influence extérieure. Oui, cette conception nouvelle sort des entrailles mêmes du prolétariat, c'est la vie qui la lui inspire quotidiennement, et si, loin d'avoir l'artificielle clarté des théories inventées de toutes pièces, elle est parfois confuse comme la vie elle-même, elle s'éclaire malgré tout au feu de l'action. (*Applaudissements.*)

Nous voilà loin des idées qu'exprime votre motion. Ah ! je ne comprends que trop votre attachement aux conceptions qui sont votre œuvre propre et que j'ai, moi aussi, permettez-moi de m'en souvenir, partagées autrefois avec vous. Mais pourquoi s'y attarder, puisqu'elles sont dépassées ? En toute vérité, que pouvons-nous, nous autres, qui n'appartenons pas à la classe ouvrière, qui, comme ces transfuges de l'ancien régime que la Révolution française gagna à sa cause, avons déserté notre classe, pour participer à l'action du prolétariat dans le monde, que pouvons-nous, sinon, dans la mesure où elles nous sont accessibles, exprimer ses intuitions et enregistrer ses expériences ? J'avais donc le droit de dire que la résolution de la Dordogne, malgré qu'elle appelle à son secours des décisions de Congrès Socialistes internationaux antérieures et contraires à la pratique ouvrière française, est une résolution surannée.

Mais elle est surannée encore — et voilà mon second point de vue — parce qu'elle assimile artificiellement le Parti Socialiste et la classe ouvrière. Ce serait, selon vous, la même classe qui se retrouverait dans deux cadres différents : le cadre politique et le cadre économique; Syndicats et Parti Socialiste ne constitueraient que les deux faces d'une seule réalité : la classe ouvrière ; et ces deux groupements, dont l'un aurait pour but la plus haute action révolutionnaire et l'autre le plus bas travail réformiste, correspondraient simplement à une élémentaire division du travail.

Vraiment, je suis étonné que des esprits qui ont le sens des réalités économiques, puissent confondre ces agglomérats artificiels d'hommes appartenant à toutes les classes et simplement unis par un lien idéologique, que sont les partis politiques, avec les classes sociales, c'est-à-dire ces catégories d'hommes qui se trouvent au même étage de la production, qui sont portés par le même plan matériel, qui, ouvriers, vivent du salaire, industriels, vivent du profit, propriétaires fonciers, vivent de la rente, et dont l'existence à tous se déroule dans des régions différentes de la vie sociale. Eh quoi ! ce Congrès où je parle, moi, d'origine bourgeoise, où je vois une majorité de bourgeois socialistes, avocats, médecins, professeurs, journalistes, fonctionnaires, commerçants, propriétaires, etc..., ressemblerait donc à une réunion syndicale et le Parti qui l'a organisé ne serait que l'incarnation politique des Syndicats ouvriers ? Et les luttes électorales ou parlementaires que mène ce Parti seraient identiques à la lutte de la classe ouvrière elle-même, à ses grèves, à son action syndicale ? Avouons-le : nous sommes ici des hommes venus de tous les points de l'horizon social, nous avons les uns et les autres des intérêts économiques opposés, et le patron qui se rencontre ici avec son ouvrier ne cesse pas d'être son patron, quel que soit l'accord momentané qui l'unisse à lui sur des questions de politique générale. Oui, le Parti Socialiste, comme tout Parti politique, et à l'inverse des classes sociales, n'a pas de base économique et il mêle tout à la fois des représentants de la bourgeoisie, du prolétariat, de la petite bourgeoisie, de la paysannerie, etc... Dites, si vous voulez, qu'il est un Parti de « classes », au

pluriel, mais ne dites pas qu'il est un parti de « classe » au
singulier, en ce sens qu'il serait le Parti exclusif de la classe
ouvrière. (*Interruptions diverses.*)

Cela vous surprend ? Je vais donc essayer de vous expliquer pourquoi un Parti, qui est un organe de la société
politique, ne ressemble pas à une classe, qui est une formation naturelle de la société économique. C'est que la société
politique, dont la démocratie est l'expression achevée, ne
connaît que l'électeur, et que l'électeur est aussi bien bourgeois qu'ouvrier, paysan que commerçant. La fiction démocratique efface abstraitement les différences économiques
qui séparent en fait les hommes, pour ne considérer que ce
caractère qui leur est commun en droit : la qualité de
citoyen. Et comment les Partis pourraient-ils tenir compte
des différenciations de la vie réelle, puisqu'ils ne sont précisément que les metteurs en œuvre de la démocratie et
qu'ils touchent les hommes, non pas dans leur situation
économique, mais dans leur situation politique ?

Lors donc que le Parti Socialiste prend l'ouvrier, il ne
l'atteint qu'en tant qu'électeur, et, loin de le séparer des
hommes des autres classes, il le mêle à eux. De lui, il ne
saisit que cet aspect impersonnel, qui de différent qu'il
était le rend semblable à tous, qui le transporte de son terrain spécial de classe sur le terrain commun à toutes les
classes, et qui fait que devant l'urne électorale, dépouillé
de ses qualités sensibles, il n'est plus qu'un citoyen abstrait,
pareil aux autres citoyens, un bulletin de vote égal aux
autres bulletins de vote.

Au contraire, voyez ce qui se passe dans le Syndicat, où
la classe ouvrière reste sur son terrain économique de
classe. Le Syndicat ne groupe par définition que des ouvriers,
à l'exclusion des membres de toute autre classe. Et lorsqu'il prend l'ouvrier, il le prend comme tel, comme pro-
ducteur, touchant ainsi en lui la qualité qui lui est essentielle, celle qui fait sa vie. Du matin jusqu'au soir, le tra-

vailleur salarié est pris par l'œuvre de la production, toute son existence se déroule dans l'atelier, et c'est autour de l'atelier que gravitent toutes ses préoccupations et toutes ses pensées. C'est là vraiment, c'est dans le Syndicat qui est le prolongement de l'atelier, que se forme la psychologie des producteurs, que leur cohésion s'opère, que leur fusion se réalise. Séparés des autres classes par les limites mêmes de leur groupement, protégés contre toute infiltration étrangère, ils supportent les mêmes luttes et éprouvent les mêmes réactions. Les différences philosophiques, religieuses et politiques s'effacent et il ne reste plus que des ouvriers forcés de défendre des intérêts communs contre des ennemis identiques. Et l'unité morale, qui transforme leur masse amorphe en bloc vivant, se forme ainsi peu à peu, par le développement progressif de la conscience de leur solidarité.

Voilà pourquoi, malgré les critiques que m'adressait ici-même Marius André, je persiste à dire que les Syndicats forment les cadres naturels de la lutte de classe. C'est là, et pas ailleurs, que les ouvriers conscients concentrent leurs efforts et se rencontrent dans leur opposition à la société bourgeoise. Le moindre acte syndical, la plus petite grève deviennent vite de véritables incidents de la lutte de classe. Pour peu que le conflit s'aiguise, il revêt aussitôt un caractère de généralité facile à constater, et dans le patron isolé c'est tout le patronat que les ouvriers combattent. Tout le syndicalisme part de cette amplification instinctive des luttes prolétariennes, qui se transforment ainsi en luttes révolutionnaires. Je me souviens que le citoyen Landrin, défendant la grève générale, au Congrès de Lille de 1904, avant le Congrès international d'Amsterdam, faisait remarquer par quel processus rapide l'action économique se muait en action révolutionnaire. Sous la pression de la lutte, sous la nécessité intuitivement sentie de sauvegarder des intérêts immédiats, les ouvriers de toute opinion, anticléricaux habitués des groupes de libre-pensée bourgeoise ou croyants obsédés par un idéal religieux, amis ou ennemis de la confession politique de leurs maîtres, tous sont entraînés, l'un après l'autre, dans le branle-bas général et c'est comme un seul homme qu'ils se lèvent contre leurs exploiteurs. Et cet acte de révolte que les salariés d'une usine commettent un jour, dans une escarmouche de la guerre sociale, ils en conçoivent aisément la multiplication, ils comprennent que, s'il vient une heure où une masse énorme de producteurs pourra simultanément l'accomplir, c'en sera fait de l'exploitation capitaliste.

Sans doute il a fallu l'expérience du syndicalisme français pour que cette analyse de la notion de classe et de parti devînt familière aux militants ouvriers. Et je me représente sans difficulté comment, au début, vous avez pu concevoir que le Parti Socialiste devait être l'équivalent politique de la classe ouvrière. Mais vous n'en avez plus le droit maintenant : la pratique syndicaliste, par opposition à la pratique du Parti Socialiste, que je n'ai pas à retracer ici, a montré ce qui était vraiment un mouvement de classe et elle a projeté là-dessus une clarté suffisante. Il y aurait assurément bien d'autres questions à résoudre et, avant toute autre, celle de savoir à quelle conception du Parti Socialiste on aboutit ainsi. Mais ce n'est pas de cela qu'il s'agit actuellement, et j'espère que ce problème se posera bientôt devant vous. Ce que je retiens pour l'instant, c'est la ruine de cette confusion que vous persistez à établir entre Syndicats ouvriers et Parti Socialiste, entre organes de la lutte de classe et organes de la lutte électorale et c'est une preuve nouvelle, plus décisive encore du retard de vos idées.

Et maintenant, j'arrive à ma troisième critique : Vous proclamez, votre motion proclame que l'émancipation du prolétariat est subordonnée à la conquête de l'État, et vous ramenez ainsi tout le socialisme à la prise du pouvoir politique, je ne dis pas des pouvoirs publics.

Jules Guesde. — Vous avez raison : pas des pouvoirs publics.

Hubert Lagardelle. — Il y a deux façons de concevoir cette mainmise sur l'État. La première, qui est celle des socialistes réformistes, est la méthode fragmentaire et progressive. Elle consiste à dire : Le jour où nous serons la moitié plus un au Parlement, où la majorité du pays sera représentée par une majorité de députés socialistes; ou encore le jour où, après avoir participé aux divers gouvernements, nous pourrons être à nous seuls tout le gouvernement, ce jour-là nous opérerons, par voie législative, la transformation sociale.

Jules Guesde. — Ce n'est pas ma théorie.

Hubert Lagardelle. — Puis il y a votre théorie, votre méthode globale et révolutionnaire, qui dit : Conquérons d'emblée, par coup de force, l'État, et, une fois maîtres du pouvoir, nous imposerons la « dictature impersonnelle du prolétariat », nous socialiserons les moyens de production et d'échange, nous décréterons la révolution sociale.

Je dis que ces deux conceptions sont également utopiques, parce qu'elles donnent à la force coercitive de l'État une valeur créatrice qu'elle n'a pas. (*Très bien.*) Que vous opériez selon le mode réformiste ou selon le mode révolutionnaire, que vous soyiez la moitié plus un à la Chambre ou que vous ayiez pris le gouvernement d'assaut, vous ne ferez pas surgir, du jour au lendemain, une société toute faite. De quelque autorité dont vous disposiez, vous ne donnerez pas aux ouvriers qui votent pour les candidats socialistes, aux électeurs qui, pour des motifs parfois futiles et insaisissables, se pressent derrière vous, la capacité de diriger la production et l'échange. Vous serez les maîtres de l'heure, vous détiendrez toute la puissance qui, hier, appartenait à la bourgeoisie, vous entasserez décrets sur décrets et lois sur lois, mais vous ne ferez pas de miracle et vous ne rendrez pas du coup les ouvriers aptes à remplacer les capitalistes. En quoi, dites-moi, la possession du pouvoir par quelques hommes politiques socialistes aura-t-elle transformé la psychologie des masses, modifié les sentiments, accru les aptitudes, créé de nouvelles règles de vie, et fait qu'à la place d'une société de maîtres et d'esclaves pourra exister une société d'hommes libres ?

Non, ce n'est pas d'un simple changement de personnel gouvernemental que dépend la transformation du monde. Ce serait vraiment trop facile et la marche de l'histoire a d'autres exigences. Un état social ne naît pas sans une longue préparation, et c'est ici que le syndicalisme, avec un sens plus réaliste des choses, vous oppose ce que j'ai appelé le socialisme des institutions. Il rappelle aux ouvriers qu'il n'y aura pas de changement possible, tant qu'ils n'auront pas créé de leurs propres mains tout un ensemble d'institutions destinées à remplacer les institutions bourgeoises. Mais, à la différence des groupements corporatifs que vous combattiez, les institutions syndicalistes nouvelles se forment, non pas à l'image des institutions bourgeoises, mais sur un type rapidement contraire. Que reprochons-nous à la société capitaliste ? C'est d'organiser, par les pouvoirs de coercition dont elle dispose, un lien de dépendance tel entre les hommes, qu'il les divise, selon une hiérarchie très autoritaire, en maîtres et serviteurs, patrons et ouvriers, gouvernants et gouvernés. C'est ensuite de réduire toutes les valeurs humaines en des valeurs marchandes, et d'exaspérer, en même temps que l'esprit de domination, l'esprit de lucre et de convoitise. Eh bien, il est évident que si ce double caractère se retrouve au sein des institutions ouvrières, celles-ci n'ont aucune valeur de transformation sociale et ne sont qu'une plate copie des procédés de la vie bourgeoise. Et là est toute l'originalité du syndicalisme, dans cette création d'institutions prolétariennes qui réalisent le type contraire du type capitaliste, c'est-à-dire un type où l'esprit autoritaire et l'esprit mercantile font place à l'exercice pratique de liberté et à l'idéalisme révolutionnaire.

Je m'explique. Comment se comportent les trade-unions anglaises ou les Syndicats allemands, par exemple, qui sont si hostiles au syndicalisme français, et qui, par tant de côtés, rappellent les groupements corporatifs de 1878-79? Trade-unions anglaises et syndicats allemands ont vu, quoi? Que la société capitaliste fonctionnait d'autant mieux que l'autorité de commandement y était plus forte et le gouvernement plus incontesté. Ils en ont conclu que la puissance du mouvement ouvrier serait d'autant plus grande qu'il y aurait une centralisation plus parfaite et une direction plus rigide. Et ils ont reproduit à l'usage des prolétaires les moyens de domination des capitalistes, ils ont constitué un gouvernement ouvrier aussi dur que le gouvernement bourgeois, une bureaucratie ouvrière aussi lourde que la bureaucratie bourgeoise, un pouvoir central qui dit aux travailleurs ce qu'ils peuvent ou ne peuvent pas faire, qui brise dans les Syndicats et chez les syndiqués toute indépendance et toute initiative, et qui doit parfois inspirer à ses victimes le regret des modes capitalistes de l'autorité.

Les trade-unions anglaises et les Syndicats allemands ont aperçu encore que ce qu'il y a d'important dans la société bourgeoise, c'est l'argent. Ils ont constaté que, lorsque les capitalistes disposent de coffres-forts gonflés, ils peuvent entreprendre les uns contre les autres des luttes d'autant plus chanceuses. Et ils se sont dit qu'à leur tour les travailleurs ne triompheront des patrons qu'en opposant gros sous à gros sous, coffres-forts à coffres-forts. De là sont nées ces pratiques avaricieuses, ces habitudes de thésauriser, d'accumuler d'énormes fonds de réserve, de transformer les Syndicats en entreprises mutualistes, en institutions de prévoyance et d'épargne, en agences financières.

Mais, je vous pose la question, cette importation des méthodes bourgeoises de gouvernement et de gestion économique dans l'organisation ouvrière, malgré les avantages matériels incontestables qu'elle peut procurer, qu'a-t-elle de socialiste? Ces syndiqués qui, en plus de leurs patrons, se sont donnés pour maîtres des ouvriers comme eux, en quoi sont-ils plus libres? Ces prolétaires, qui ne pensent qu'à leurs richesses entassées et qui se figurent qu'ils peuvent vaincre le capitalisme sur le terrain même du capitalisme, comment agissent-ils en révolutionnaires ?

Le syndicalisme procède tout autrement. Il entend créer des institutions ouvrières, qui allient ce que vous avez toujours cru inconciliable : l'esprit pratique et l'esprit révolutionnaire. Il fait en sorte que jusque dans les plus petites choses de la vie, les prolétaires gardent intacts leurs instincts de révolte et que ceux-ci s'aliment à leurs actes les plus humbles. Dans les groupements syndicaux, il essaie d'organiser la liberté, d'éliminer toute autorité et d'accoutumer les ouvriers à se passer de maîtres. Plus de centralisme étouffant, plus de pouvoir coercitif, mais un large fédéralisme, une complète autonomie, une extrême souplesse dans le mécanisme intérieur, un appel constant aux sentiments d'initiative, de responsabilité et de lutte, qui transfigurent la personnalité ouvrière en lui donnant son maximum de tension et d'énergie. Toute la pratique de la Confédération du Travail s'oriente, vous le savez, dans ce sens. Et de même, vous ne trouvez chez elle aucune croyance en la force magique de l'argent, aucun désir de rivaliser avec les coffres-forts capitalistes, aucun espoir de vaincre par la puissance de l'or. Ah! certes, les syndicalistes français ont, eux aussi, le sens de la solidarité ouvrière ; ils l'ont même à un degré singulièrement plus actif que les ouvriers allemands ou anglais, précisément parce qu'ils n'ont pas, comme eux, de souci mercantile qui vienne l'obscurcir. J'ai toujours été étonné, pour ma part, de la facilité avec laquelle les ouvriers français, aux heures de lutte, mettent spontanément la main à la poche et font avec joie, dans l'enthousiasme du combat, les plus durs sacrifices pécuniaires. Et voyez encore, dans les grèves, cette pratique des soupes communistes, par exemple, qui parvient à trouver des ressources là où il n'y a presque rien, qui permet des résistances imprévues, et qui fait que toujours l'entrain populaire finit par triompher des difficultés immédiates. Ce sont là des faits, et qui ne s'apprécient pas en chiffres, comme les moindres démarches des trades-unions et des Syndicats allemands. Comment voulez-vous saisir par des statistiques cette puissance diffuse de solidarité ouvrière? Sans doute, il faut de hautes cotisations, et le syndicalisme français les préconise d'autant plus qu'il repousse les subventions des pouvoirs publics et fait appel à la dignité du prolétariat. Mais de là à constituer des Syndicats d'affaires, il y a loin. (*Approbations.*) Et le secret du prolétariat syndicaliste est simple. Il sait d'instinct que ce n'est pas l'argent qui rend invincible, mais qu'il y a dans la lutte un élément impondérable qui décide des plus grandes victoires: c'est l'idéalisme révolutionnaire, l'esprit de sacrifice, l'ardeur à la lutte. (*Applaudissements.*)

Et puis, il y a quelque chose, permettez-moi de vous le dire, qui me paraît plus nouveau encore dans le syndicalisme et par où il apparaît vraiment comme l'antithèse des vieilles conceptions socialistes. Vous avez cru, vous croyez encore, et la motion de la Dordogne croit avec vous, que la classe ouvrière, pour s'émanciper, doit utiliser l'organisme politique et administratif qui a servi à la bourgeoisie pour asseoir sa domination. Toute votre théorie repose sur ce postulat que le Parti Socialiste doit s'emparer du pouvoir pour faire fonctionner à l'usage du prolétariat le mécanisme qui a fonctionné jusqu'ici à l'usage de la bourgeoisie. Je n'ai pas à discuter ici de la valeur réformatrice de la démocratie, du parlementarisme et des Partis Socialistes. Mais je peux bien dire que l'expérience a montré que vous avez concédé à ces formes d'action traditionnelle une portée révolutionnaire qu'elles n'ont pas. Je ne pense pas qu'on puisse détruire une société en se servant des organes qui ont pour but de la conserver, et je crois que toute classe, pour s'affranchir, doit se créer ses organes propres. Lorsque la bourgeoisie est entrée en lutte contre la féodalité, ce n'a pas été en pénétrant dans les rouages de la société féodale, mais en se forgeant de toutes pièces des rouages particuliers, qui ont été les communes d'abord, les parlements ensuite. Elle ne s'est pas emparée des institutions existantes, mais elle a construit des institutions neuves, qui ont progressivement désorganisé la société féodale tout en organisant peu à peu la société bourgeoise. Eh bien, le rôle de la Confédération du Travail est de donner justement au prolétariat ce mécanisme propre, dont les Syndicats, les Fédérations de Syndicats, les Bourses du Travail, etc., sont les éléments constitutifs. Et il ne s'agit plus ici de conquérir l'Etat, mais de le détruire, d'en paralyser le fonctionnement et de lui enlever ses attributions.

Cette conception de l'action ouvrière, que la pratique syndicaliste oppose à vos propres théories, pourrait d'ailleurs, au besoin, invoquer une autorité socialiste qui est de quelque poids. Je me souviens, et Lafargue qui est là ne l'a certainement point oublié, qu'en 1866, le premier Congrès de l'Internationale, tenu à Genève, vota une résolution sur les Syndicats, présentée par les amis de Marx sous son inspiration. Et si j'en relis les considérants, je m'aperçois que c'est Marx qui, le premier, a reconnu aux Syndicats, dans la lutte pour l'émancipation ouvrière, le même rôle qu'ont joué les communes dans la lutte pour l'émancipation bourgeoise. C'était là une intuition géniale de la fonction révolutionnaire du mouvement ouvrier, et qui, méconnue par les marxistes, se trouve confirmée par l'expérience syndicaliste.

Vous voyez donc, citoyennes et citoyens, comment ce

n'est plus en déléguant son action, en plaçant hors de lui le
centre de la lutte, en revendiquant l'illusoire usage de la ma-
chinerie étatique, mais en construisant de ses propres mains,
pièce à pièce, un mécanisme intérieur à lui, que le prolétariat syndicaliste espère s'émanciper. C'est l'atelier, c'est-à-
dire comme je vous le montrais tout à l'heure, le cadre
même de sa vie — qui est et demeure le champ de son activité révolutionnaire. Il ne s'agit plus pour lui de perfection-
ner l'Etat, mais l'atelier. Tout l'effort de sa lutte porte là :
refouler pied à pied, hors du groupement des producteurs,
du chantier du travail, la puissance du patron. Faire de l'a-
telier capitaliste un atelier socialiste, substituer au travail
esclave le travail libre, c'est en ces termes que, pour les ouvriers syndicalistes, se pose le problème social. Ils se disent
que la libération de la société est subordonnée à la libération de l'atelier et que le même coup qui ruinera l'autorité
patronale détruira l'autorité étatique. Vous comprenez maintenant pourquoi l'action révolutionnaire du prolétariat syndicaliste ne s'exerce pas sur la superstructure politique du
monde social, mais sur la structure économique, sur l'arma-
ture de l'atelier.

Aussi, lorsque les syndicalistes parlent d'une société qu'ils
voudraient fonder sur l'association libre des producteurs, je
ne trouve pas dans leur idéal, comme dans la conception
purement politique du socialisme, une parcelle d'utopie. Ils
n'emploient, dans leur construction, aucun élément que je
ne puisse contrôler : je conçois parfaitement que l'atelier,
qui est là sous mes yeux, puisse fonctionner un jour non
plus par la contrainte des maîtres, mais par la volonté des
producteurs. Et je peux, jour par jour, suivre l'œuvre de la
délivrance, marquer les reculs de l'autorité et les progrès
de la liberté, et escompter raisonnablement un moment —
lointain ou prochain, je l'ignore — où la transformation
éclora, sous la poussée suprême de la révolte ouvrière.

Voilà les idées essentielles que porte en lui ce mouvement syndicaliste auquel votre motion de la Dordogne refuse toute portée révolutionnaire. De ces idées, vous pouvez penser ce que vous voulez, mais ce que vous ne pouvez pas, c'est méconnaître qu'elles existent, c'est oublier qu'elles sont la traduction des sentiments intimes du prolétariat militant et quelles expriment toute une évolution qui s'est accomplie depuis plus de trente ans. Aussi, moi, je viens simplement vous dire : Voici ce qui s'est passé, tenez-en compte. (*Très bien.*) N'opposez pas une fin de non-recevoir dogmatique à l'expérience ouvrière, au nom d'un passé révolu à jamais, et souvenez-vous que le socialisme, au lieu de traîner des scories et des déchets après lui, doit se renouveler sans cesse au contact de la vie et être comme un perpétuel rejaillissement de l'action. (*Applaudissements*).

L'action, c'est là le commencement et la fin du syndicalisme. Pardonnez-moi encore cette hérésie, mais votre conception traditionnelle du socialisme me paraît singulièrement fataliste. Vous faites de la transformation sociale, la résultante inévitable de ces deux forces : l'évolution économique et l'évolution politique, que vous élevez au rang de puissances mystérieuses. Vous supposez, d'une part, que le mouvement économique, par la concentration croissante des capitaux et des industries, va conduire insensiblement le monde, malgré lui et à son insu, du capitalisme au socialisme ; que sans effort personnel et direct, la société est emportée par un élan irrésistible et qu'elle se transformera automatiquement de société bourgeoise en société collectiviste. Eh bien, je dis que c'est là une première manifestation de votre fatalisme, que cette estimation exagérée d'un mouvement essentiel sans doute, mais qui reste extérieur à la société et au prolétariat, puisque celle-là engendrerait, par le fonctionnement mécanique de son développement, sa propre destruction, et que celui-ci n'aurait qu'à se laisser porter par le flot de la vie économique.

Et c'est encore un mouvement extérieur à la société et au prolétariat que cette conquête de l'Etat, qui doit réaliser du coup le régime socialiste. Du moment que, par le simple usage du bulletin de vote, par l'utilisation du parlementarisme, par la prise de possession du pouvoir central, la rénovation du monde est assurée, le socialisme ne devient plus qu'une opération électorale. Et voyez comme c'est simple, j'allais dire simpliste. Il n'y a qu'à accumuler les bulletins de vote dans l'urne, recommencer infatigablement le geste facile de l'électeur, et la répétition de cet acte machinal suffira pour changer la face des choses. Eh quoi ! Ce serait cela le socialisme ? Ce serait l'accomplissement de ce geste et de cet acte, qui ne mettent en œuvre aucune des facultés créatrices de la personne humaine ? Et il n'y aurait qu'à dire à l'ouvrier : Tu voteras tous les quatre ans, tu délégueras ton pouvoir à un mandataire qui agira en ton nom, tu auras un représentant qui fera ton bonheur à ta place, sans que tu aies à bouger, sans que tu aies un risque à courir ?...

Ah ! citoyennes et citoyens, j'affirme qu'une conception aussi paresseuse du socialisme est à la fois stérile et utopique. Quoi ! S'il suffit, pour édifier un monde plus libre, que la société capitaliste suive le fil de sa propre évolution et qu'un gouvernement nouveau succède au gouvernement ancien, alors, moi, je ne compte pas ? Je suis le jouet débile de forces fatales, des puissances économiques et politiques qui me sauvent, bon gré mal gré, et qui me transportent dans je ne sais quel paradis terrestre. Non, non, cela n'est pas vrai. Si les prolétaires veulent s'émanciper de toute tutelle patronale et étatique, vivre sans maîtres de la production et sans maîtres de la politique, il leur faut auparavant s'exercer à l'action, éduquer leur volonté, exalter leur courage. Et c'est là ce que le syndicalisme leur dit : N'ayez foi qu'en vous seuls ! Le salut est en vous ! Le monde ne sera que ce que vous le ferez ! Déployez donc toutes vos énergies et mettez à l'épreuve toute votre puissance d'action !

Et la pratique syndicaliste, l' « action directe », — qui enseigne aux ouvriers qu'il n'y a rien de fatal, puisque ce sont les hommes qui font leur histoire, — qu'est-elle autre chose, sinon un appel constant à l'effort personnel du prolétariat, à ses ardeurs combatives, à ses appétits d'héroïsme? Quel contraste! Tandis que l'action indirecte, parlementaire et légalitaire engourdit les activités, endort les volontés et berce les plus bas instincts de la nature humaine, l'action directe du syndicalisme stimule les forces latentes de l'individu, refoule ses mauvais désirs de passivité, et fait surgir au premier plan ces facultés d'enthousiasme, ce besoin de combat, cette soif de conquête, qui l'illuminent et le portent jusqu'au sublime. D'un pareil mouvement, en vérité, n'ai-je pas le droit de dire qu'il est créateur d'hommes, et qu'il n'y a que des prolétaires formés à son école qui, si le socialisme doit se réaliser plus ou moins, puissent être capables, à un moment, je ne sais quand, de renouveler le monde?

Toutes ces choses que je vous rapporte, moi qui n'ai d'autre titre que de les avoir observées, votre motion les condamne. Et cependant, quelle source inépuisable de rajeunissement n'y a-t-il pas là pour les idées socialistes? Souvenez-vous de l'inquiétude profonde que nous avons éprouvée, il y a quelques années, quand a éclaté ce qu'on a appelé la crise socialiste. Toutes les croyances socialistes traditionnelles se dissolvaient une à une, la pensée se sentait impuissante à répondre aux questions que lui posait la vie, tout allait autrement qu'on ne l'avait prévu, et devant cette déchéance des doctrines, toute espérance tombait. Les plus grands Partis, ceux qu'on croyait assis sur le roc, donnaient le signal du désarroi. Songez au trouble de cette social-démocratie allemande, si orgueilleuse de la dictature qu'elle exerçait sur le monde socialiste, lorsqu'il y a neuf ans tomba, d'un ciel qu'on croyait serein, le coup de foudre bernsteinien. Je me souviens de ce Congrès de Stuttgart de 1898, où j'étais, ainsi que Guesde, et de l'émoi qui agitait les têtes théoriques du Parti, au souffle de la révolution intellectuelle provoquée par Bernstein. Voilà qu'un des docteurs officiels de la social-démocratie, à la sincérité duquel nul ne pouvait porter atteinte *(Approbation)*, venait révéler les contradictions et les faiblesses du plus grand Parti Socialiste et prouver que son verbalisme révolutionnaire cachait mal sa pratique réformiste. Et c'est ce désaccord entre les paroles et les actes qu'il entendait faire cesser, et par le seul moyen qui se puisse indiquer : par la subordination des paroles aux actes. La critique bernsteinienne était à ce point décisive que la social-démocratie ne s'en est pas relevée et que la commotion produite dure encore. Ainsi donc, voilà un énorme Parti Socialiste, le plus fort par les traditions intellectuelles d'un Lassalle et d'un Marx, le plus puissant par le nombre des électeurs et des cotisants, et qui, tombé au premier choc dans la confusion, reste désemparé et découvre son incapacité à rajeunir ses idées. Et c'est partout le même chaos, la même impuissance, la même stérilité.

Eh bien, il s'est passé une expérience, dans notre pays, qui nous a révélé où pouvait être pour le socialisme le foyer de vie. Oui, Bernstein avait raison : il faut faire cesser le divorce de la pratique et de la théorie, par l'identification de la théorie à la pratique. Mais quelle pratique ? Bernstein n'a connu que celle des trade-unions et il en a conclu à la fin de toute action ouvrière révolutionnaire. Plus heureux que lui, nous avons vu naître et se développer en France une organisation syndicale qui nous a prouvé le mouvement en marchant et montré à quel prix peuvent exister des institutions révolutionnaires. Nous n'avons pas à opter, comme le voulait Bernstein, entre un socialisme

verbal et un socialisme réel. Mais nous trouvons à notre
portée les éléments d'une renaissance inespérée : nous
savons à quelles conditions la lutte de classe cesse d'être
une formule morte et devient une pratique vivante ; nous
connaissons la voie par où les idées socialistes peuvent
venir se retremper à leurs origines révolutionnaires et
ouvrières.

Vous apercevez à présent l'importance historique que
revêt le mouvement syndicaliste. Oui, la crise socialiste
peut avoir pour issue un renouveau triomphal de la
pensée révolutionnaire. Mais ce renouveau n'est possible
que si, dans la refonte générale de nos doctrines, nous
nous conformons aux indications de la pratique ouvrière.
Quant à moi, quoi que vous décidiez, je suis tranquille. Je
sais que si le socialisme survit à la ruine des vieux
dogmes, il le devra à ce mouvement de revisionisme révolutionnaire qu'engendre le syndicalisme.

J'ai fini. Toutes ces questions, la motion du Cher —
quels que soient ses considérants — les laisse subsister. Il
suffit qu'elle constate la valeur révolutionnaire du mouvement syndicaliste et qu'elle respecte l'autonomie de la Confédération Générale du Travail, pour que, dans les
circonstances présentes, nous la votions tous. Il y va de
l'indépendance des Syndicats et — vous le jugerez avec
moi — de l'avenir du socialisme. *(Applaudissements pro-
longés.)*

Jules GUESDE

La question qui se discute ici n'est pas de savoir si vous
maintiendrez entre le Parti Socialiste français et la Confédération Générale du Travail le *statu quo* qui, paraît-il,

résulterait de la motion votée à Limoges. La question qui
se pose devant nous est toute autre : il s'agit, pour le
Socialisme français, de dire à Stuttgart comment il comprend les rapports pouvant et devant exister entre l'organisation corporative ou syndicale et l'organisation politique
ou socialiste du prolétariat du monde entier. C'est là la
seule question que nous ayons à résoudre, et c'est en vue
de sa solution que deux motions ont été déposées.

La motion du Cher d'abord, à laquelle j'adresserai le
même reproche qu'à la motion relative au militarisme et aux
conflits internationaux qui, votée à Limoges, vient d'être
revotée à Nancy. Je dis qu'elle est à la fois ambiguë et con-
tradictoire ; elle ne dit rien, c'est tout ce qu'on pourrait en
dire de mieux ; quant à sa contradiction, elle est flagrante :

Le Congrès,

Convaincu que la classe ouvrière ne pourra s'affranchir pleinement que par la force combinée de l'action politique et de l'action
syndicale, par le syndicalisme allant jusqu'à la grève générale, et
par la conquête de tout le pouvoir politique, en vue de l'expropriation générale du capitalisme ;

Convaincu que cette double action sera d'autant plus efficace que
l'organisme politique et l'organisme économique auront leur pleine
autonomie, le syndicalisme se proposant le même but que le socialisme... etc...

conclut à la nécessité de combiner ces deux modes d'action,
si autonomes ou distincts qu'ils doivent rester ? Que non
pas ! Conclut à ce que, sur son double terrain d'organisation et d'action, le prolétariat continue à s'ignorer, voire à
se combattre...

Une semblable contradiction suffit à juger une motion
que je demande, sans plus m'y attarder, au Congrès de
vouloir bien écarter.

Et je passe immédiatement à la deuxième motion, celle de
la Dordogne, qui tient debout, comme Lagardelle a bien
voulu le reconnaître.

La théorie qu'elle résume répond à une longue et universelle pratique dont elle est née. Cette façon d'envisager et de mener l'action du prolétariat en marche vers sa Révolution a pour elle quelque chose qui, pour ne pas peser d'un grand poids dans la balance de Lagardelle, n'en constitue pas moins pour moi et pour beaucoup de nos camarades, un argument d'une force extrême : elle coïncide avec la manière de voir et avec la manière de faire du socialisme et du syndicalisme dans le monde entier. Il se peut, je le répète, qu'une pareille considération soit d'ordre absolument secondaire pour Lagardelle, libre de penser que l'accord avec Lagardelle vaut mieux que l'accord avec les prolétaires des Deux-Mondes : c'est une appréciation personnelle dans laquelle je n'ai pas à entrer.

Et, étant donné que notre conception se tient (de l'action syndicale et de l'action politique, ainsi que de leurs rapports nécessaires) je voudrais répondre aux objections qui lui ont été adressées. On a dit qu'elle pouvait être vraie il y a un certain nombre d'années, mais qu'aujourd'hui elle était surannée, « vieux jeux »... Nous assistons, de temps à autre, à propos du socialisme, de sa méthode et de sa tactique, à des découvertes de ce genre. On nous expose doctoralement que, bon autrefois, ce socialisme qui a mis debout le monde ouvrier, ne correspond plus à la situation présente ; qu'il a vieilli, et doit faire place au socialisme « nouvelle manière ». Et quand nous analysons ce socialisme soi-disant nouveau, avec l'arsenal prétendu supérieur, qu'il apporterait à la classe ouvrière et au Parti, que trouvons-nous ? Des mots ou rien, je le démontrerai tout à l'heure. Lagardelle, lui, a affirmé que dans le mouvement ouvrier syndical, qu'il a appelé syndicalisme, que je continuerai à appeler syndical, il y avait tous les éléments de l'affranchissement ouvrier, et qu'il n'y avait que là les éléments de cet affranchissement ; que là seulement était, en même temps que l'arme nécessaire, l'arme suffisante pour frapper à mort la société d'aujourd'hui.

J'aurais pu, quand il parlait ainsi lui demander dans une interruption quelle était cette arme. Il aurait peut-être été embarrassé pour me la fournir, ou, s'il me l'avait fournie, je n'aurais pas été embarrassé, moi, pour la briser comme un simple pistolet de paille ou un simple sabre de bois.

Nous avons dit autrefois, comme nous disons aujourd'hui, et je prétends que c'est vrai aujourd'hui comme c'était vrai autrefois, que le prolétariat doit s'organiser professionnellement, par métiers ; qu'il lui faut se former en Syndicats ; que c'est là une condition, non seulement d'amélioration de sa situation actuelle, mais de transformation pour la société. Nous n'avons jamais, à aucun moment, même quand je critiquais le plus violemment les trade-unions d'Angleterre, varié à cet égard. Lagardelle parlait de mon attitude à l'égard des syndicats français à leur début. Je ne faisais pas, à ce moment, leur procès aux Syndicats français : si Lagardelle était moins jeune — et je le félicite, d'ailleurs, de ne pas partager ma trop longue expérience — il se rappellerait que si Vaillant et ses amis dénonçaient en 1876 le Congrès corporatif ou syndical de la salle d'Arras comme une espèce d'incorporation du prolétariat français à la société bourgeoise, moi, au contraire, je voyais et saluais dans ce premier Congrès ouvrier, le point de départ ou l'embryon d'une organisation de classe. Je n'ai pas voulu me séparer des syndiqués d'alors, quoiqu'ils en fussent encore au balbutiement, et quoique, prisonniers de la coopération bourgeoise, ils allassent jusqu'à proscrire la grève. Je me suis obstinément refusé à constituer un mouvement socialiste en dehors du mouvement ouvrier quel qu'il fût, et, dans les Congrès successifs du prolétariat syndical français, c'est en collaborateurs que nous sommes intervenus, dès Lyon, où s'affirmaient une poignée des nôtres, puis à Marseille, au Havre, etc., où, à côté des Chambres syndicales, figuraient nos Groupes d'études sociales et d'action politique...

Mais, comme Renard vous l'expliquait tout à l'heure, si au début les deux mouvements, corporatif ou syndical et socialiste ou politique, ont pu et dû se confondre, c'est que les éléments qui entraient dans les deux organisations étaient si faibles, si peu nombreux qu'il n'y avait pas place pour ce qu'il a si justement appelé la *division du travail.* Division qui devait se produire au fur et à mesure du développement des deux mouvements. C'est ainsi, — pour ne parler que de l'organisation socialiste à laquelle j'appartenais, — qu'à côté du P. O. F. on a vu se former et fonctionner dès 1886 la Fédération nationale des Syndicats et Groupes corporatifs ouvriers de France. Effet de la division du travail qui s'imposait, sans que pour cela, parce que le travail se divise, il n'y ait pas lieu à coordination. Quand le travail industriel exécuté par le petit atelier d'autrefois, dans lequel toutes les opérations étaient faites sur place, quelquefois par le même ouvrier, a dû, par suite de son extension, être réparti entre une série d'ateliers divers, avec un personnel distinct, est-ce que pour cela on a rompu tout lien, toute entente et toute combinaison entre les éléments divisés de la production ainsi agrandie ? C'est le contraire, camarade Lagardelle, qui s'est produit. Une concentration nouvelle naissait de cette division du travail. Et ce que nous demandons, nous, c'est que la division du travail appliquée à l'organisation et à l'action de la classe ouvrière, donne également lieu à une concentration ouvrière. (*Applaudissements.*)

C'est ce que dit la résolution de la Dordogne, c'est ce qu'ont toujours dit toutes les résolutions de nos Congrès internationaux, qui, après avoir déterminé comme nous ce que peut et ce que ne peut pas l'organisation syndicale, ont conclu, comme nous, que, pour l'affranchissement de la classe ouvrière, elle doit être doublée d'une organisation polititique de classe. Que ces Congrès « retardent » eux aussi, qu'ils aient été « dépassés », c'est entendu. Mais j'attends toujours·que nos « novateurs », qui vont répétant que le Syndicat se suffit à lui-même, que de l'action syndicale peut et doit surgir la Révolution sociale, j'attends toujours qu'ils nous expliquent comment, avec les seules armes dont ils disposent et qui leur sont imposées par leur nature propre, les Syndicats arriveront jamais à transformer la propriété, condition essentielle du monde nouveau.

Et qu'ils ne m'objectent pas la grève générale, ou je serai obligé de rappeler à nos syndicalistes — ainsi qu'ils se dénomment — que si elle a été opposée au bulletin de vote, c'est surtout contre toute solution insurrectionnelle que la grève générale a été inventée !

Pelloutier écrivait que le « peuple n'avait jamais acquis « aucun avantage aux révolutions sanglantes dont ont seuls « bénéficié les agitateurs et la bourgeoisie ; qu'en présence « d'ailleurs de la puissance militaire mise au service du « capital, une insurrection à main armée n'offrirait aux « classes dirigeantes qu'une occasion nouvelle d'étouffer les « revendications sociales dans le sang des travailleurs. »

Ce sont les termes mêmes de la résolution par lui présentée — et votée au Congrès de Tours de 1892 — et il concluait « que parmi les *moyens pacifiques et légaux* incon-« sciemment accordés au parti ouvrier pour faire triom-« pher ses légitimes aspirations, il en était un qui doit hâter « la transformation économique et assurer, sans réaction « possible, le succès du quatrième État ; que ce moyen est « la suspension universelle et simultanée de la force pro-« ductrice, c'est-à-dire la grève générale, qui, même limitée « à une période relativement restreinte, conduirait infailli-« blement le parti ouvrier au triomphe des revendications « formulées dans son programme. »

Donc, pas de révolution violente — toujours présentée par nous comme une nécessité : c'est à la fois dangereux et inutile, la légalité suffisant ! Et le bulletin de vote, c'est trop long, ajoutait Pelloutier. Et moi, je répondais à Pelloutier que si, en effet, le bulletin de vote était un moyen bien trop long, dont ne se contenterait pas mon impatience, le refus général du travail était un moyen de beaucoup plus long encore, puisque, électoralement, il suffirait d'une majorité ouvrière consciente pour s'emparer du pouvoir politique et le faire servir à l'expropriation de la classe capitaliste, alors que pour la grève générale, telle qu'il la voulait, il fallait la généralité des travailleurs, la majorité sortie des usines devant rencontrer contre elle, avec la minorité qui continuerait à travailler, les paysans exaspérés de ne pouvoir écouler ou vendre leurs produits, joignant leurs fourches et leurs fusils de chasse aux lebels de l'armée dite nationale.

C'est que, contrairement à ce que d'aucuns prétendent, je n'ai jamais subordonné l'émancipation du prolétariat à son avènement électoral ou légal. Jamais je n'ai laissé croire une seule minute aux travailleurs, soit dans ma propagande générale, soit dans les campagnes à l'appui de candidature posée par des camarades, que le bulletin de vote pouvait suffire à les affranchir. L'année dernière encore, à Roubaix, pendant toute la période électorale, j'ai été répétant que les élections ne sont qu'un moyen d'organiser le prolétariat : ce sont ses grandes manœuvres. Il prend, là, conscience et mesure de sa force, en même temps qu'il se rapproche de la position à emporter, jusqu'à ce que, sous une poussée de deux, de trois, de quatre millions de voix, plein de confiance en lui-même, il donne le coup d'épaule final, faisant jouer son droit à l'insurrection, accomplissant sa révolution inéluctable. Ce langage, je l'ai tenu partout et toujours. (*Applaudissements.*)

Ce n'est pas à moi, par suite, que s'adresse le reproche de Lagardelle de laisser miroiter aux yeux des ouvriers et des paysans qu'ils pourront se libérer en « bien votant ». Cette illusion-là, je ne l'ai jamais ni partagée, ni fait partager par personne. J'ai soufflé dessus en toutes circonstances, et c'est pourquoi il y a eu, à plusieurs reprises et pendant bien longtemps, plus que des malentendus, des froids sibériens entre ceux des nôtres qui se réclamaient de la démocratie, ne voyant dans le socialisme que le couronnement de l'évolution républicaine, et moi qui ne voyais au contraire dans la lutte politique à coup de bulletins qu'une préparation, un entraînement à la lutte à coups de fusil. (*Applaudissements sur certains bancs.*)

Si je continue à demander au syndicalisme qui se suffit à lui-même et fait fi du socialisme comme n'ayant plus aujourd'hui qu'une raison d'être électorale, quels sont, en dehors de la grève générale, ses moyens d'action, après avoir donné la parole à Pelloutier, c'est à Latapie que je m'adresserai. Et voici textuellement sa réponse :

« Le syndicalisme emploie pour arriver à ses fins — qui ne sont plus seulement la défense ouvrière, l'amélioration des conditions ouvrières ; vous avez dit, Lagardelle, qu'il s'agissait de l'affranchissement du travail, de la société nouvelle à instaurer — il emploie pour arriver à ses fins... le boycottage, le sabotage, les grèves partielles. »

Telles sont les armes — vos seules armes — avec lesquelles vous avez la prétention de transformer la propriété et la société ! C'est avec cela que vous entendez faire l'économie de la conquête de l'État, enclouer ses canons braqués contre vous et empêcher de partir contre les travailleurs les fusils d'autres travailleurs déguisés momentanément en soldats ! N'est-ce pas souverainement ridicule ? Et pourtant vous n'avez pas autre chose au fond de votre arsenal.

Mais vous-même, m'avez vous dit — et je ne l'ai pas oublié — que demain, par un coup de baguette magique, le pouvoir tombe entre vos mains, êtes-vous sûr, au moyen de cet État, instrument d'oppression, et non de libération, de pouvoir opérer la transformation sociale ?

Depuis quand, Lagardelle, m'avez-vous entendu soutenir que si, par miracle, une poignée de socialistes arrivaient à mettre la main sur le gouvernement, ils suffiraient à affran-

chir, en dehors d'elle-même, la France ouvrière et paysanne ?
Est-ce que toute notre propagande depuis plus de trente ans
ne proteste pas contre une pareille présomption ? Que fai-
sons-nous — on peut dire exclusivement — depuis la Commune ? N'est-ce pas organiser, organiser encore, organiser
toujours, non seulement ceux de l'usine, mais ceux de la
terre, en vue précisément de ce moment psychologique, con-
vaincus comme nous le sommes que ce n'est que dans la
mesure où la conscience socialiste aura été éveillée, où le
monde du travail se sera organisé professionnellement, que
pourra aboutir le mouvement révolutionnaire ? Non seulement nous avons toujours pensé et parlé de la sorte, mais,
sinon la motion, forcément écourtée de la Dordogne, du
moins la motion plus explicite du Nord, à Limoges, l'année
dernière, déclarait expressément que le passage de la société
capitaliste à la société socialiste s'opérera d'autant plus vite
et d'autant plus facilement que « la classe ouvrière sera plus
puissamment constituée par métiers et habituée ainsi à l'action commune ».

Représentez-vous tous les ouvriers mineurs groupés en
un vaste et unique Syndicat, d'autres Syndicats, correspondant aux différentes branches de travail, industriel, commer-
cial et agricole, englobant de même la totalité des ouvriers
du métier, et voyez comment, maîtres de l'État, il devient
possible, du jour au lendemain, d'en finir avec la propriété
capitaliste, nationalisée ou socialisée et remise pour son
exploitation aux travailleurs organisés et associés ! Nul doute,
par contre, qu'à défaut d'un prolétariat ainsi préparé, tout
événement qui nous porterait au pouvoir nous laisserait plus
ou moins impuissants. Que voulez-vous ? La Révolution sociale, je ne l'ai pas dans ma poche, — ni vous non plus. Et
je n'ai jamais dit aux travailleurs qu'il suffirait, pour qu'elle
soit, de remplacer Clemenceau ou Fallières par un des
nôtres. Je leur ai toujours dit, au contraire, qu'elle n'est fai-
sable et qu'elle ne se fera, que dans la mesure où ils sauront,

où ils voudront, où ils pourront... Donc, de ce côté encore, votre critique ne porte pas.

Franchissant ensuite la frontière, vous transportant en Angleterre, en Allemagne, etc., vous avez, toujours contre la motion de la Dordogne — et moi je dis, en réalité pour elle — invoqué l'état syndical de ces divers pays. Quinze cent mille *trade-unionistes* ici, deux millions de syndiqués là, cela ne compte pas pour vous, pour votre syndicalisme, qui, je le reconnais, n'a rien de commun avec ces formidables organisations ouvrières.

Votre syndicalisme, celui que vous affirmez contre nous, est d'une espèce toute particulière. Il se distingue de tout ce qui existe à l'étranger par ce fait qu'il ne compte pas de syndiqués du tout, ou si peu ! (*Protestations.*) Je répète que la caractéristique — vous dites, vous, la supériorité — du syndicalisme français, tel que vous le préconisez, c'est qu'il n'a personne derrière lui. Et je le prouve. Si je retranche, par exemple, de la Confédération Générale du Travail, nos 60.000 syndiqués du Nord qui, bien qu'y adhérant, ne sont pas des vôtres et n'attendent ni du sabotage, ni du boycottage, ni de la grève partielle ou générale, l'affranchissement du travail ; si je fais la même opération pour la Fédération des Chemins de fer, pour la Fédération nationale des Mineurs, pour le Textile, pour la Fédération du Livre, pour celle des Mécaniciens...

Lagardelle. — Ils ont tous voté la motion d'Amiens.

Guesde. — ...qui vient de tenir son Congrès à Paris et qui n'est pas avec vous, vous ne l'ignorez pas, que vous restera-t-il comme forces organisées ?

Lagardelle. — Evidemment !

Guesde. — Et comme aucune de ces grandes organisations n'est syndicaliste dans votre sens, la démonstration est faite par des chiffres, de ce que j'avance : que ce qui classe — et juge — votre syndicalisme dans le mouvement général du monde entier, c'est son absence de syndiqués. (*Mouvements divers, rumeurs.*)

Au fond, que peut être l'organisation syndicale et que doit-elle être ? Qu'on le veuille ou non, il s'agit d'intérêts immédiats à défendre isolément. Convaincu que, livré à lui-même, la faim qui le talonne et qui talonne les siens, l'obligera à passer sous les fourches caudines de l'employeur, l'ouvrier s'entend, s'associe, pour résister, avec ses camarades de même métier. Substituer à la faiblesse individuelle de qui ne possède rien, la force collective de la profession ou de la corporation organisée, à l'effet d'être payé plus et de travailler moins, telle est la raison d'être du Syndicat. Et quand nous poussons le travailleur à y entrer, que ce soit vous, que ce soit nous, le langage que nous lui tenons est le même. Nous pouvons lui dire encore autre chose, mais nous lui disons surtout que c'est pour résister aux exigences patronales, pour obtenir de moins mauvaises conditions de travail qu'il lui faut se syndiquer. Si nous n'avions pas cet argument à faire valoir, nous ne pourrions pas songer à l'amener à une association qui entraîne une cotisation et par suite une nouvelle privation pour la famille ouvrière...

A cela, en Angleterre, en Allemagne et ailleurs, on a ajouté des assurances contre le chômage et la maladie, des secours en cas de grève, etc... On a créé, en un mot, tout un système de mutualités correspondant aux besoins et aux risques ouvriers ; et par le moyen de ces avantages, perceptibles aux travailleurs ayant le moins de conscience de classe, on est arrivé à mettre debout, sur le terrain syndical, des prolétariats admirablement organisés et outillés...

Les Syndicats, je ne l'ignore pas, ont encore une autre besogne, je veux parler des quelques lois misérablement protectrices du travail qui ont pu être arrachées à l'Etat bourgeois et que l'on peut en général violer impunément. Contrairement aux lois qui intéressent le capital ou les capitalistes et dont l'observation est assurée par les pénalités les plus rigoureuses et la plus active des magistratures, il suffit qu'une loi doive profiter à la classe ouvrière pour qu'elle soit dénuée de toute espèce de sanction. J'ai eu la curiosité, un jour, à la Chambre, de rechercher, par les contraventions intervenues et leurs suites, ce que coûte aux employeurs le crime des crimes auquel ils se livrent couramment, atteignant, à travers la loi, l'enfant, la femme et l'avenir de l'humanité dans la femme, et j'ai pu conclure, sans être démenti que l'attentat leur revenait en moyenne à 30 centimes — le prix d'un intérieur d'omnibus dans Paris. (*Exclamations.*) Eh bien, de pareilles lois ne pourront être vivantes que dans la mesure où le prolétariat, leur donnant sa propre sanction, mettra à leur service sa force syndicale, son organisation et son action corporative ; mais pour cette fonction qui lui incombe, comme pour les autres, il faut que le Syndicat soit nombreux et fort, il faut que ses portes soient largement ouvertes à tous, et qu'aucune condition ne soit mise à l'adhésion de chacun. On n'a pas le droit de dire à un maçon : tu n'entreras pas dans le Syndicat des maçons si tu ne jures pas par le syndicalisme de Lagardelle ; on n'a pas le droit de dire à un métallurgiste ou à un verrier : tu n'entreras pas dans le Syndicat des métallurgistes ou des verriers si tu n'es pas pour le boycottage, si tu n'es pas pour le sabotage, si tu n'es pas pour l'antimilitarisme ou l'antipatriotisme... Vous n'avez pas le droit de diviser contre elle-même, par des considérations étrangères, la profession que votre devoir est d'unir, ou si vous le faites, vous aboutissez précisément à ce que je déplore, à ce que j'affirme et que vous niez, à des squelettes de Syndicats. (*Approbation.*) Le Syndicat ne vaut que dans la mesure où la totalité, où l'immense majorité au moins des travailleurs du même métier ont rallié le drapeau, parce qu'alors, pour faire aboutir leurs revendications, ce n'est plus même la grève qui s'impose, la menace de la grève suffit. (*Applaudissements.*)

Je lisais dernièrement dans un journal corporatif d'Allemagne que l'admirable Fédération des travailleurs en métaux (plus de 300.000 membres!) avait, par la simple menace de la grève, fait diminuer de quatre heures et demie la semaine de travail, en même temps qu'elle faisait hausser de 2 marks 1/2, je crois,..

Rappoport. — De 3 marks

Guesde. — ... le salaire hebdomadaire. Voilà de la véritable action syndicale, sérieuse, celle-là, pas tapageuse; elle ne se donne pas comme devant transformer la société, mais pour ce qu'elle est et doit être; elle fait les travailleurs plus libres, mieux armés pour leur affranchissement définitif, non pas en abandonnant ou en dédaignant le Syndicat, mais en apportant à leur classe, sur le terrain politique, l'appui de leur mieux-être et de leur force accrue.

Et quel inconvénient y a-t-il à ce que toute l'œuvre ouvrière ne s'accomplisse pas dans le même atelier, à ce que les travailleurs disposent de deux ateliers, l'atelier syndical pour la besogne quotidienne de défense et d'amélioration de ses conditions de vie et de lutte, et l'atelier ou le champ de bataille politique pour la reprise de la propriété au moyen de la prise de l'État ? *(Approbation.)*

Il faut revenir à la réalité et cesser de se payer de mots. Ce n'est pas sur l'État, contre l'État que s'exerce l'action syndicale. Non pas que certaines poussées ou pressions ne puissent et ne doivent être opérées. Mais elles constituent de l'action politique, et pour qu'elles aboutissent, même partiellement, il faudrait une France syndicale autrement développée que celle à laquelle nous sommes réduits. Comme le faisait, d'ailleurs, observer Marius André, cette « action directe » — moins le mot — nous en avons toujours été partisans, ayant toujours soutenu que la classe ouvrière n'obtiendrait que ce qu'elle arracherait par la manifestation — avant même l'emploi — de sa force. Mais c'est sur le patron, contre lui, que le Syndicat est appelé

constamment et directement à agir. C'est lui qui est menacé,
lui, dont la volonté faisait loi pour les ouvriers isolés et qui
est obligé de s'incliner, de laisser passer, partiellement au
moins, la volonté ouvrière lorsqu'il se trouve en présence d'une organisation syndicale sérieuse. Le patron est
atteint, mais pas le patronat et encore moins la propriété
capitaliste. Que les travailleurs de Roubaix, par exemple,
de succès en succès arrivent à formuler des revendications
telles que M. Motte ne veuille ou ne puisse plus céder, et,
quelle que puisse être leur puissance syndicale, tout au
plus M. Motte sera-t-il réduit à transporter en Belgique ou
en Pologne ses usines ou ses capitaux. Le patronat, lui,
subsiste, parce qu'il est une résultante de la propriété capitaliste, qui ne saurait elle-même disparaître qu'avec et après
l'État bourgeois.

Tant que l'État, tant que le pouvoir politique sera aux
mains de la bourgeoisie, pas de Révolution sociale possible,
quoiqu'en pense Hervé, qui évoquait « les communes
insurrectionnelles » s'emparant des moyens de production.
Insurrectionnelle ou non, la Commune est dominée par les
canons de l'État, et tant que vous n'aurez que la commune,
vous n'aurez rien. Les moyens de production ne feront que
passer entre vos mains comme le porte-monnaie entre les
mains du pick-pocket appréhendé au corps par le gen-
darme. *(Approbation.)*

Ne pouvant toucher ni à l'État, ni à la propriété capitaliste, l'action syndicale ne saurait donc suffire à l'émancipation sociale comme le voulait Laudier. Peu importe
qu'elle se propose le même but que le socialisme, du
moment qu'elle n'est pas en mesure de l'atteindre. Si je n'ai
qu'un sabre et que je me propose de m'en servir comme
d'un fusil, je n'abattrai pas un ennemi distant de plusieurs
mètres. Au prolétariat, qui a les deux armes, à ne pas
demander à l'une la portée de l'autre. Indispensable est
l'organisation syndicale. Combien de fois l'ai-je dit et écrit !

Tout travailleur qui ne rejoint pas son syndicat est un traître à lui-même, à sa famille et à sa classe, c'est entendu ; mais cela ne veut pas dire qu'après avoir rejoint son syndicat, il ne doive pas rejoindre la section socialiste. *(Applaudissements.)*

Je sais bien que Lagardelle vient dire : « Le Parti Socialiste, un parti de classe ! que venez-vous nous raconter là ? La classe ouvrière, elle est uniquement dans les syndiqués de la mine, du textile, de la métallurgie, etc... Là seulement se trouve le prolétariat qui doit s'affranchir lui-même. .»

Vous avez, Lagardelle, une étrange manière de concevoir les classes dans la société actuelle. Si le prolétariat se composait exclusivement des travailleurs plus particulièrement manuels, il pourrait attendre longtemps encore sa libération, parce que les conditions de l'ordre nouveau, sur la nécessité desquelles vous insistiez avec raison, n'existeraient qu'en partie. Ce qui fait que, dès aujourd'hui, la société socialiste est possible, n'attendant, pour devenir, que l'effort indispensable des travailleurs, s'emparant, au moyen de l'État conquis, des instruments et de la matière de travail pour les restituer à la nation, c'est que le prolétariat n'est pas limité à ce que vous prétendez, c'est qu'il embrasse toutes les activités, les plus cérébrales comme les plus musculaires, ingénieurs, chimistes, savants de toute nature devenus, eux aussi, de la chair à profits, et en mesure d'assurer le fonctionnement de la production supérieure de demain... *(Applaudissements.)* Ouvert de droit à tous ceux qui travaillent du bras ou du cerveau, le Parti Socialiste est essentiellement un parti de classe, plus complet que ne peut l'être le Syndicat lui-même. Et j'ajoute que ce n'est pas parce que quelques déserteurs de la classe ennemie, un Lagardelle, un Vaillant, un Lafargue, auront pris place dans ses rangs, qu'il pourrait perdre pour nous ce caractère de classe et de lutte de classe. *(Approbation.)* Bien au contraire.

Puisque vous avez parlé d'expérience, puisque vous avez fait appel à l'histoire, vous devriez savoir que dans toutes les Révolutions s'opèrent des chassés-croisés de cette espèce : d'une part, la classe qui poursuit son affranchissement n'est pas suivie par la totalité de ses membres; une partie pousse l'esprit de conservation jusqu'à prendre la défense et à se mettre au service de la classe contre laquelle la transformation s'accomplit. D'autre part, de la classe menacée, se détachent des hommes qui font cause et révolution communes avec la classe en ébullition... C'est ainsi qu'en 89 et 93 nombreux sont les bourgeois, petits et grands, paysans et artisans, qui sont du côté de ce qui restait du monde féodal contre l'avènement révolutionnaire de la bourgeoisie, pendant que, du côté du Tiers chassant du gouvernement Noblesse et Clergé, on trouve non seulement des curés, mais des évêques et des nobles, depuis M. de Mirabeau jusqu'au marquis de Canclaux, qui commandait l'armée des « Bleus » contre les « Blancs » de Cathelineau et de Charette, en passant par les de Robespierre et les de Saint-Just... Ce qui s'est produit alors et s'est reproduit depuis, notamment lors de la Commune, s'impose et s'imposera encore...

Ce qui ne veut pas dire que cette introduction d'un élément capitaliste dans un parti ouvrier comme le nôtre ne puisse présenter des inconvénients : il y en a dans tout. De même qu'il y a des « jaunes » parmi les ouvriers, traîtres à leur classe pour le profit qu'ils retirent de leur trahison, il peut y avoir, il y a et il y aura des bourgeois venant à nous par intérêt, à mesure que le prolétariat organisé leur paraîtra suffisamment fort pour leur servir de marchepied et les hisser à la Chambre ou au Sénat, en attendant le ministère, comme Briand l'ancien grève-généraliste; mais c'est au Parti Socialiste à monter la garde à sa propre porte (*Approbation*), à prendre ses précautions et à ne pas s'ouvrir à des hommes à l'encontre desquels il a raison d'être méfiant. Il

lui faut encore et surtout accentuer sa politique de classe
aussi bien dans le Parlement que dans le pays.

Vous savez très bien que si a pu prendre corps un syndicalisme prétendu révolutionnaire et en réalité anarchiste,
c'est aux socialistes oublieux de la lutte de classe que vous
le devez. En se confondant avec les partis bourgeois et en
faisant avec eux gouvernement commun, ils ont donné lieu
ou prétexte à un mouvement ouvrier en dehors du mouvement socialiste, pour ne pas dire contre lui. Et ce n'est que
dans la mesure où le Parti Socialiste faillirait à son devoir
qu'il pourrait y avoir place à côté de lui pour une organisation de classe distincte, l'ignorant et ne le connaissant que
pour le combattre. Mais qu'il fasse tout son devoir, qu'il
reste et lutte sur son terrain de classe, et, je répète qu'il est
plus de classe que ne peut l'être l'organisation syndicale
elle-même.

A ce propos, et puisque vous avez renvoyé notre socialisme à l'école du Congrès d'Amiens, laissez-moi, sans
récrimination, vous rappeler certaine thèse que vous auriez
pu y entendre développer comme moi, par l'organe du
compte rendu officiel. Il s'agissait de combattre toute entente et combinaison avec le Parti Socialiste, et, pour ne
pas voter la proposition du Textile, dans l'intérêt de la
classe ouvrière, on montrait les travailleurs groupés sur le
terrain syndical obligés souvent de compter avec une majorité parlementaire qui n'est pas socialiste. Si les camarades
— ajoutait-on — qui ont besoin de tous les concours politiques pour obtenir satisfaction s'adressaient au seul Parti
Socialiste, ce serait désastreux pour leur cause... (*Exclamations et interruptions.*) Ce n'est pas encore par ce syndica-
lisme-là, on l'avouera, que le mouvement socialiste sera
dépassé. Et il correspond à une notable fraction de la
C. G. T.

Loin de moi, du reste, toute pensée d'attaques contre la
C. G. T., à laquelle j'ai amené encore il n'y a que trois

semaines, le camarade Lefebvre peut en témoigner, plus de 7.000 syndiqués du Textile. Et partout où j'ai passé depuis des années, j'ai toujours agi de même, disant aux travailleurs : « Il y a actuellement une unité syndicale ou corpora-« tive en France ; quels que puissent être les courants qui « la divisent ou la dominent, votre devoir est tout tracé, « c'est de rejoindre cette unité ; vous verrez ensuite, de « l'intérieur, en famille, s'il n'y a pas lieu de modifier la « tactique employée jusqu'à présent et d'orienter autrement « l'action syndicale française. » Est-ce là être ennemi et se comporter en ennemi de la C. G. T. ? (*Approbation.*)

Mais ce que je reproche, moi, aux anarchistes qui parlent en son nom, qui la traitent comme une propriété à eux, et crient au voleur ! quand un Marius André, un Roland ou un autre socialiste syndiqué se permet d'accepter une délégation de nos Bourses du Travail, ce que je leur reproche précisément, c'est d'empêcher le recrutement, le développement de la C. G. T., c'est de faire une campagne tellement à côté, tellement en dehors, tellement mortelle à l'unité corporative qui s'impose, qu'elle laisse en dehors de la C. G. T. non seulement des ouvriers égrénés, mais des masses d'ouvriers syndiqués.

Je dis pour finir, camarades, et en revenant au Congrès de Stuttgart, qu'il ne s'agit pas, comme on le prétendait ce matin, d'envoyer *prendre livraison*, pour en abuser, de la mariée malgré elle que serait la C. G. T.

La C. G. T. n'est pas en cause. Il s'agit de savoir si vous irez à Stuttgart proclamer, au nom du socialisme français, que le socialisme n'a plus de raison d'être, remplacé qu'il est par un syndicalisme qui veut, lui, un prolétariat divisé dans sa double organisation, syndicale et politique. Là est la question, la seule question, toute la question. Divorcerons-nous, oui ou nom, d'avec l'Internationale, passée et présente, qui s'est toujours prononcée pour les deux actions combinées, — en lui apportant, qui plus est, une conception qui n'est pas nôtre ?

Ah ! je comprendrais que la C. G. T., remplissant les conditions exigées par la participation aux Congrès internationaux, et déléguant à Stuttgart Lagardelle, je comprendrais que celui-ci tînt là-bas le langage qu'il nous a tenu ici : « Laissez à eux-mêmes, à leur autonomie, les Syndi- « cats qui n'ont rien à faire de vous ou avec vous, consti- « tuant à eux seuls la véritable organisation révolutionnaire. « Vous n'êtes, vous, Parti Socialiste, qu'un parti électoral, « ramasseur de mandats aujourd'hui, ramasseur de porte- « feuilles demain. »

Mais qu'ici, dans un Congrès du Parti, ce soit le Parti lui-même qui s'exprime de la sorte sur son compte, en adoptant la motion du Cher qui, sous l'ambiguïté des termes, ne dit pas autre chose, c'est ce qu'il me paraît impossible d'admettre.

Ce que je crois être de notre devoir et ce que je vous demande de déclarer, c'est que l'action syndicale et l'action politique qui s'imposent au prolétariat ne sauraient rester isolées, accomplies qu'elles sont et doivent être par la même classe qui ne saurait, sans suicide, se couper en deux. C'est ce que dit la motion de la Dordogne en concluant qu'il y a lieu de pourvoir à ce que, selon les circonstances, les deux actions puissent se concerter et se combiner nationalement et internationalement. Dites-le avec elle ici, ou on vous le dira à Stuttgart. (*Applaudissements.*)

Édouard VAILLANT

Je dirai d'abord quelques mots sur un fait spécial dont il a été parlé et qui me concerne. Il est vrai qu'en 1876, de Londres, au nom de la Commune révolutionnaire, j'ai écrit et j'ai signé, avec mes amis, une brochure intitulée : « Les Syndicaux et leur Congrès », dans laquelle je ne repro-

chais pas aux Syndicats de se réunir, de s'organiser, de
faire un Congrès, au contraire, j'y applaudissais. Mais,
m'adressant uniquement à ceux que je désignais par le nom
de syndicaux et qui essayaient, en ce Congrès de faire
dévier de sa voie et de son but le mouvement syndical, je
disais que c'était là un mauvais point de départ pour cette
reprise d'organisation syndicale ; qu'il ne fallait à aucun
prix que le Syndicat, organe de résistance au patronat et en
même temps, dans notre pensée, aux forces de l'État, suivît
ces mauvais conseilleurs et offrît l'alliance, l'union avec les
maîtres dont les mains étaient encore rouges du sang des
communeux... (*Approbation.*) Il n'y avait pas de doute au
sujet de nos intentions à cette époque et marquées en cette
brochure ; et s'il était besoin, je rappellerais en outre la
proposition que j'avais signée, proposée par Lafargue,
membre, avec moi, du Conseil général de l'Internationale à
La Haye, pour que les unions d'industrie et de métiers s'or-
ganisassent partout, formant l'unité nationale et l'Internationale des Syndicats de travailleurs. C'est ce que j'ai
toujours pensé et voulu. Ultérieurement, le P. S. R. s'étant
constitué sous le nom de Comité Révolutionnaire Central, je
puis dire que, dès l'origine, ma propagande personnelle,
qui est devenue celle du Comité Central ensuite, a été de
chercher à créer l'unité syndicale en France, tenue par
nous, comme élément essentiel de l'organisation ouvrière,
et comme la condition première de la réalisation de l'unité
socialiste que s'était proposée comme but premier le Parti
dont j'étais membre.

Et nos efforts ont fini par aboutir. Nous avons d'abord
été isolés pour cette raison qu'à la différence des autres, à
cette époque, comme avant, notre doctrine était : que la
séparation entière de l'organisation politique et de l'organisation syndicale constituait la condition nécessaire de la
formation de leur unité, comme de leur développement. Il
fallait, à notre avis, et en réalité, marcher à la constitution

de l'organisation et force ouvrière par la séparation des
organes ayant pour objet plus spécial, pour fonction,
l'action politique et l'action syndicale. C'était, en effet,
l'ingérence de la politique dans les Syndicats, c'étaient les
disputes des Partis politiques, de leurs fractions socialistes, pour les adhésions des Syndicats, qui étaient
l'obstacle principal à leur accroissement dont la limite,
comme disait Guesde, est l'entrée de toute la corporation
dans le Syndicat.

Cette propagande qui a eu lieu dans les Congrès corporatifs par nos amis syndiqués, a fini par aboutir dans les
Congrès de Limoges, de Tours, de Toulouse, et, je dois le
dire, aboutit surtout quand certains libertaires comprenant
enfin qu'il ne fallait pas nier l'organisation ouvrière, y vou-
lurent participer. C'est ainsi et à la fois avec leur concours
que la C. G. T. prit naissance, force et direction. Ils en
bénéficièrent tout d'abord. C'était tout naturel et impossible
à éviter. Il était évident que ces Syndicats confédérés qui
arrivaient, pour la première fois, à une existence autonome,
qui comprenaient que cette autonomie était le principe de
leur formation, de leur union, de leur progrès, qui allaient,
en rompant les chaînes qui les attachaient aux formes
anciennes, trouver le moyen d'arriver à une propagande
utile, à un développement certain, avaient toutes les
défiances possibles relativement au Parti Socialiste, aux
diverses fractions du Parti Socialiste, qu'ils confondaient
dans la même défiance, dont les dissensions les avaient
divisés, entravés, et en qui ils voyaient dans le présent
comme dans le passé, un obstacle. C'est dans ces conditions
qu'ils sont allés au Congrès de Londres, et comme on l'a
rappelé, cette expérience nouvelle n'a pas accru leur désir
de rapports avec les Partis Socialistes. Mais les mêmes
raisons qui permettaient à la classe ouvrière de constituer
son unité corporative : la C. G. T., contribuaient aussi, à
travers tous les événements politiques dont je n'ai pas à

parler, à la constitution de l'unité socialiste. La formation
de l'unité ouvrière corporative a été une condition prélimi-
naire essentielle de l'unité socialiste. Ainsi ont été consti-
tués dans leurs conditions, actuellement nécessaires,
d'existence et d'autonomie les deux éléments intégrants de
l'organisation et action ouvrières.

A la différence de Lagardelle, dont autrement j'approuve
complètement l'exposé, mais dont je ne partage pas toutes
les conclusions, et c'est naturel, je crois que la formation du
Parti Socialiste, son unité, est un élément tout aussi essentiel que la formation ou unité syndicale de l'action totale,
émancipatrice, du prolétariat. Et je dirai, contrairement à
lui, que le Parti Socialiste est véritablement un parti classe,
le parti du prolétariat et de son émancipation; les membres
du parti étant socialistes à titre égal et quelle que soit leur
origine, qu'ils soient déclassés économiquement ou par
volonté, ou qu'ils soient ouvriers. Ce qu'il y a de certain,
c'est que les ouvriers appartenant directement à la classe
ouvrière, ou les déclassés étant venus prendre rang dans le
prolétariat militant, pour lutter sa lutte contre la classe capitaliste, tous ses membres sont dans les mêmes conditions,
et unis pour le même combat. Et si par hasard il s'en trouvait un qui ne fût pas dans ces conditions morales, qui eût
une autre politique, ce serait un traître caché qu'il faudrait
démasquer. Par conséquent, le Parti Socialiste est véritablement un parti de classe; sa lutte politique est essentielle,
aussi essentielle que la lutte corporative, économique, avec
laquelle elle se combine pour un effet total.

Evidemment, nous nous servons d'expressions qui sem-
blent indiquer une séparation complète, non seulement
comme organe, mais en même temps comme fonction, l'organe correspondant à la fonction. Il n'en est pas exactement
ainsi. Je voudrais cependant, avant de l'expliquer, dire auparavant que ces formations corrélatives du Parti Socialiste
et des Syndicats confédérés, ne sont pas, comme dit Lagar-.

delle, indépendantes de ce développement économique qui
est la cause réelle de l'évolution générale, et de tous les
phénomènes sociaux et politiques. S'il n'y avait pas eu le
développement du capitalisme auquel nous avons assisté,
cette transformation rapide qui équivaut presque à une révolution économique, qui met, par l'accumulation et la concentration des capitaux entre les mains du capitalisme de
plus en plus fortifié, toutes les forces dominantes de la société
actuelle, nous n'aurions ni l'unité ouvrière syndicale, ni
l'unité du Parti Socialiste, résultats, elles aussi, du développement et de la concentration des masses prolétaires, résultats elles-mêmes de l'accumulation et concentration capitalistes, engendrant par leur progrès les forces et formes de
destruction et transformation du capitalisme. En même
temps que se transformaient toutes les conditions de la vie
sociale et politique en France, les forces politiques et économiques que cette transformation suscitait dans la classe
ouvrière, de plus en plus accrue et concentrée, devaient dé-
terminer des formations correspondantes qui sont, au point
de vue organique et conscient, d'une part, l'unité socialiste,
de l'autre, l'unité syndicale.

Dans ce développement et cette croissance, je n'ai pas
besoin de dire davantage notre interprétation de la valeur et
du rôle du Parti Socialiste. Ce n'est pas ici que nous pouvons discuter ce qui est pour nous l'évidence, la raison et
le fait de notre existence, c'est-à-dire si le Parti Socialiste
est une nécessité. Le Parti Socialiste et son action politique
sont une conséquence inévitable, absolument nécessaire, de
la lutte du prolétariat contre le capitalisme qui, sans Parti
Socialiste, n'a pas la possibilité de livrer l'assaut qui détruira
la domination de la classe capitaliste. Il n'y a pas une des
actions que nous faisons qui puisse être éliminée ; toutes
sont bonnes, toutes sont nécessaires. Je crois que le parlementarisme, lui aussi, est actuellement, dans l'évolution de
la société, un moment nécessaire de son développement,

qu'il est aussi absurde d'en diminuer que d'en exagérer l'importance, et que, par conséquent, nous ne pouvons pas plus nous abstraire de la lutte parlementaire, de la lutte électorale, que des autres luttes. (*Approbation.*)

Je comprends, d'un autre côté, que corrélativement et par le fait des événements, le développement du Parti Socialiste a eu un caractère particulièrement parlementaire et électoral et que c'était un résultat inévitable de l'évolution politique et sociale. Je ne crois pas que ce soit indéfiniment durable: c'est un moment plus ou moins long mais nécessaire du développement. Je suis convaincu que, les circonstances changeant, le conflit des classes et des partis devenant plus aigu, le Parti Socialiste prendra de façon correspondante, un caractère plus révolutionnaire. Et quand ces circonstances surviendront, nous verrons, depuis les parlementaires jusqu'aux militants, autant de soldats de la cause révolutionnaire combattant de toute leur ardeur, avec les Syndicats, pour l'émancipation ouvrière... (*Applaudissements.*)

Mais les Syndicats ne sont-ils pas, contrairement à l'affirmation de la motion de la Dordogne, une force révolutionnaire aussi bien qu'une force corporative? Y a-t-il dans le syndicat autre chose que l'organisation pure et simple d'ouvriers voulant s'opposer au patronat pour obtenir l'amélioration au jour le jour des conditions d'existence et de travail? C'est justement le phénomène particulier et caractéristique du développement actuel ; c'est que le Syndicat est devenu autre chose, est devenu plus que cela. Il est resté cela, parce que ce lui est une action constante et nécessaire qui le recrute, le développe et l'exerce ; c'est son principal mode de recrutement, c'est par là qu'il existe et s'ouvre à la corporation. Mais dans les conditions de la société actuelle, où le conflit de la classe patronale et de la classe ouvrière s'est accentué et s'accentue, le Syndicat est devenu en même temps un élément révolutionnaire essentiel. Je dirai ce que j'ai déjà dit il y a deux jours, c'est que, pour et dans l'action totale du prolétariat, si, par le fait même des circonstances du moment actuel, le Parti Socialiste a pris un caractère plutôt électoral et parlementaire, il s'est trouvé que, par ses éléments les plus actifs, le syndicalisme a pris et a dû prendre un caractère plus sensiblement révolutionnaire, plus particulièrement révolutionnaire. Et le Parti Socialiste étant d'essence révolutionnaire, c'est là, par cet interchange de fonctions, que dans une évolution ultérieure est la raison qui produira l'unité d'action militante du prolétariat, dont l'avenir déterminera la forme organique.

Vous vous rappelez les faits, vous vous rappelez les actes qui ont caractérisé l'action révolutionnaire de la Confédération Générale du Travail, et malgré les défaites qui ont pu avoir lieu, cette admirable manifestation du 1er mai 1906 qui a été un nouveau point de départ d'agitation pour la journée de huit heures et pour l'organisation du prolétariat. Et c'est avec le concours socialiste que s'est faite cette campagne commune et admirable. Il est évident que quand la classe ouvrière, arrivant à une conscience de plus en plus grande, non seulement de sa situation, mais de la recherche des moyens nécessaires pour s'émanciper définitivement, accélère à cet effet sa propagande et son activité, elle doit donner et elle ne peut faire autrement que de donner, par ses éléments les plus conscients et les plus militants, une somme d'efforts révolutionnaires, et de mettre en jeu, en un jeu qui les fortifie et perfectionne, to is ses modes d'organisation. Le syndicalisme est devenu une force particulièrement révolutionnaire. Et c'est un mérite des éléments inspirateurs de la C. G. T. d'y avoir beaucoup contribué. Pour mon compte. je le constate, tout en regrettant qu'il reste dans la situation actuelle des illusions, des rancunes anciennes, des méprises particulières ou personnelles, et de temps en temps, mais de moins en moins, des faits aussi regrettables que les attaques dont on a parlé. Tout en en convenant, je considère que les dirigeants, les inspirateurs de la C. G. T. ont eu, en même temps que le sens très net de l'évolution sociale actuelle celui de sa conséquence nécessaire, qui donne un caractère, un rôle révolutionnaire aux Syndicats. Ils ont eu une conception très vraie de la politique à suivre ; par conséquent, ils ont été les moteurs d'entraînement de la C. G. T. dans le sens révolutionnaire. *(Approbation.)* Certainement, les Syndicats ouvriers, dans leur ensemble et par leur recrutement, sont des Associations dans lesquelles des éléments divers, éléments corporatifs, entrent simplement pour une besogne corporative. Mais les événements, les conflits économiques et sociaux déterminent des conditions toujours nouvelles d'action qui, dans la C. G. T. comme dans le Parti Socialiste, permettent l'influence et l'entraînement des éléments individuels les plus intelligents et les plus actifs, dans le sens de l'évolution et de son accélération révolutionnaire.

L'action révolutionnaire des individus et des collectivités, en tant qu'action volontaire et spontanée, n'est révolutionnaire et consciente qu'à la condition de s'exercer consciemment dans le sens de l'évolution sociale. Vouloir dénier aux Syndicats cette action révolutionnaire, c'est n'en pas comprendre le sens nouveau et le rôle et l'affirmation incessante qu'en fait la C. G. T. Ainsi, et c'est ce qui nous rallie dans une même action aux actes divers, les Syndicats, d'une part, et nous, de l'autre, nous donnons l'assaut à la société bourgeoise de façon à arracher la domination de la société à la classe capitaliste et à transformer la société actuelle en une société dans laquelle le mode de production capitaliste et les classes seront supprimés. Ne voyez-vous pas que les Syndicats, je ne dis pas seulement ceux de France, mais de partout, remplissent et jouent avec une conscience et des procédés différents, un rôle révolutionnaire par le fait de leur organisation ? Je prétends que dans ce moment-ci, chez nous, ils donnent, aussi ou plus fortement que nous, l'assaut non pas seulement à la force patronale en appelant, en groupant tous les ouvriers contre elle, mais aussi à la force de d'État qu'ils doivent, avec nous, abattre, puisque l'État est la force de coercition de la classe possédante maintenant le prolétariat dans le servage du patronat. Il faut que nous démolissions l'État, que nous le supprimions. C'est une condition nécessaire pour la suppression de la domination de la classe capitaliste. Pour cela, et je suis sur ce point d'accord avec tous les socialistes, et je l'ai toujours été, il faut nous emparer des forces politiques, du gouvernement, de l'État, du pouvoir politique, en un mot, non pas pour le maintenir, mais pour que, pendant la période de dictature impersonnelle du prolétariat, avec ce pouvoir, avec cette arme, nous brisions toutes les résistances dont la fin sera la fin du régime capitaliste et de l'État. Plus il y aura eu pénétration préalable, je ne dis pas socialiste, mais démocratique de l'État, plus l'État actuel aura été désarmé, plus cette besogne sera possible, facile, fructueuse et rapide. C'est pour cela qu'il nous faut envisager sans cesse cette nécessité de la démolitin progressive de l'État pour nous en emparer d'autant mieux ; il faut qu'il devienne dès maintenant la citadelle tous les jours plus démantelée dont nous nous emparerons plus aisément. Eh bien, qui, actuellement, la démantèle le plus ? Je prétends que ce sont les Syndicats par leur formation et par leur direction révolutionnaire. C'est eux qui sont en train de miner toutes les forces de l'État et, en même temps, de préparer la société future par la socialisation des services qui étaient autrefois et qui sont encore entre les mains de l'État, mais qui lui échappent pour passer entre les mains de la société. Cette socialisation progressive des services de l'État est formatrice de la société que nous sommes appelés à fonder et qui sera la société des travailleurs associés, au lieu d'être la société des travailleurs dominés par les possédants. (*Approbation.*)

Pour cette œuvre, à la condition d'en avoir l'intelligence,

le Parti Socialiste peut et doit jouer un rôle prépondérant.

Voilà ce qui se passe actuellement et qui, arrivé à ce niveau, démontre le rôle socialement révolutionnaire des Syndicats. Et il y a dans ce développement un phénomène qui le marque très exactement, qui indique l'effet révolutionnaire de la transformation et de l'extension des Syndicats, c'est le phénomène auquel vous assistez des Syndicats de fonctionnaires. L'État l'a bien compris, a compris qu'il était menacé de dissolution sociale. Les Syndicats de fonctionnaires devenant autonomes, socialisant ainsi les services de l'État, gérant les services dans l'intérêt de la société et non plus de l'État, l'État perd ses assises économiques, ses assises politiques, il est une forteresse démantelée dans laquelle la classe ouvrière pénétrera, quand son action, animée de la conscience et de l'esprit socialiste, pourra manier, diriger, exercer la puissance prolétaire, la force révolutionnaire qui détruira avec l'État la force dominante de la classe possédante. (*Approbation.*) Voilà pourquoi par leur conception et leur action, dans les conditions actuelles, les Syndicats sont une puissance et une force révolutionnaire essentielle que personne ne peut nier, que tout le monde doit admettre, que le Parti Socialiste doit seconder, car elle se démontre tous les jours. Et ce n'est pas seulement par le fait même de cette extension du Syndicat et de son rôle que sa réalité révolutionnaire se démontre, mais le Syndicat faisant activement front contre l'État, contre sa force armée de coercition, contre ses soldats et sa police patronale, le Syndicat joue de mieux en mieux, ici aussi, un rôle réellement révolutionnaire, révolutionnaire actif, c'est-à-dire politique. Que le mot « politique » soit mis ou non dans les déclarations de la C. G. T., il n'en est pas moins vrai que c'est une œuvre non seulement économique, mais politique, lorsqu'une partie des fortifications de l'État tombe sous ses coups, et que le syndicat lui-même agit directement contre la force armée de l'État ? C'est ici que, dans une même action politique, se rencontrent C. G. T. et Parti Socialiste.

Le jour où, à Raon-l'Étape ou sur tel point du territoire, les soldats, qui sont des ouvriers, qui, le lendemain, rentreront à l'usine, tirent des coups de fusil parce que leur maître, le gouvernement, leur a commandé de tirer, les Syndicats les moins avancés comprennent qu'il faut désarmer l'État de ces soldats, de ces fusils, et qu'il leur faut combattre de toutes façons et de tous leurs efforts, et comme le patronat, cet État, armé contre lui, pour le patronat. (*Approbation et interruptions.*) Qu'on appelle cette action contre l'État armé, antimilitarisme ou anti-étatisme, comme vous voudrez, les mots n'y font rien ; il y a là, une action révolutionnaire nécessaire, menée par les Syndicats, et que nous mènerons avec eux. Cette action, que nous menons à notre façon, nous devons la mener, nous parti politique, d'une façon concurrente plus active encore, car elle est une part de notre activité socialiste, c'est une action politique socialiste entre toutes.

Ce n'est pas seulement sous cette forme que se produit l'action corporative et révolutionnaire du Syndicat et de la C. G. T. Il est évident que la grève, c'est la crise intermittente du conflit permanent entre le prolétariat et le patronat. Ce sont des conflits le plus souvent douloureux, souvent provoqués à dessein par le patronat, et il n'y a rien de plus pénible, je puis le dire, pour un élu, que d'aller sur un champ de grève. Devant cette peine et cette misère, comment pourrait-il conseiller le conflit, ou le faire durer. Il ne peut que se mettre, lui et ses avis, à la disposition des ouvriers pour le meilleur soutien de leur cause, pour la meilleure issue de la grève. Mais, depuis que l'unité syndicale s'est faite, s'est réalisée dans la C. G. T., le tableau de la grève ancienne s'est modifié ; plus qu'avant, chaque grève prend le caractère de lutte de classe ; chacune des grèves est devenue une mobilisation partielle, locale de la classe ouvrière, une véritable mobilisation révolutionnaire avec son entraînement de masses. Et tous ceux qui ont vu quelques-unes de ces grèves savent bien, en effet, que les ouvriers révoltés contre le patron étaient en même temps révoltés contre toutes les forces de l'État, venu à son secours, et qu'il y avait, de plus en plus manifestée, par sympathies, secours, mouvements concordants, une levée croissante de la classe ouvrière, une levée déjà souvent générale de la corporation. *(Approbation.)* Et maintenant, déjà, et c'est l'objet de la propagande de la C. G. T. et du Parti Socialiste, est-ce que, dans ces luttes locales, n'apparaît pas de plus en plus le concert généralisé de la classe ouvrière, est-ce que, de tous les côtés, les autres corporations ne viennent pas lutter, est-ce que chaque grève n'est pas une provocation à l'action, à l'organisation? Est-ce que, par exemple, quand nous voyons Flers succomber, chacun ne dit pas : la grève de Flers a succombé parce qu'elle n'a pas été suffisamment secondée de part et d'autre, parce que le prolétariat n'est pas assez organisé, parce que ses forces sont trop localisées et isolées par des causes diverses, alors qu'il faudrait que chaque corporation se préoccupât de ce fait : qu'elle n'est qu'un élément de la classe ouvrière organisée et qu'il faudrait qu'elle comprît que la bataille qui s'engage en un lieu doit s'y livrer avec l'effort solidarisé et total des corporations organisées et de plus en plus s'engager sur tous les points. Il faut, par conséquent, courir au secours de ceux qui luttent, non seulement pour eux-mêmes, mais pour l'ensemble de la classe ouvrière, engagée en chacune de ces luttes et l'organiser d'une organisation de plus en plus forte, étendue et mobilisable à cet effet. Voilà ce qu'on comprend de plus en plus. C'est de l'ensemble de ces faits, de ces luttes, qui se généralisent de plus en plus, qu'est née peu à peu et que s'effectue de plus en plus la mobilisation chaque jour plus générale, qui conduit à la grève généralisée, à la grève générale. C'est ainsi que la grève générale est devenue un

moyen nouveau de combat. Évidemment, vous ne pouvez
pas par ordre, d'un coup, artificiellement, sur la motion
d'un Comité directeur, surtout dans sa forme vraiment
générale, l'organiser, pas plus que vous ne pouvez proclamer une révolution du jour au lendemain. Non, il faut que
les conditions économiques et politiques en soient réalisées; et alors l'intervention du Parti Socialiste, et du prolétariat organisé dans l'un et l'autre cas, et d'autant mieux
qu'ils sont mieux organisés, entre en jeu, en action efficace.
Il importe donc que l'on sache que le prolétariat a la
faculté de se servir d'une arme souveraine, supérieure à
toutes parce qu'elle les contient toutes et parce que, de la
grève générale, sort cette insurrection qui, un jour victorieuse, réalisera l'émancipation de la classe ouvrière.
(Approbation.)

Voilà ce que, dans ce moment-ci, non seulement l'organisation du prolétariat et son action incessante montrent,
mais voilà ce que l'histoire démontre. Je ne veux pas entrer
dans une question qui viendra sans doute, d'une façon plus
complète, devant un prochain Congrès, mais je pourrais
prendre l'exemple, si bien exposé par Rosa Luxemburgo,
de la révolution russe où la grève générale, expression du
soulèvement prolétaire, a frappé la classe capitaliste en
même temps que l'autocratisme tsarien, et fait de la révolution russe, aussi une révolution ouvrière. Si je voulais
prendre ces exemples, je vous montrerais quelle force
indomptable il y a là. C'est une façon plus commode, une
voie plus accessible et plus ouverte à tous d'entrée en
mouvement et c'est surtout le moyen le plus efficace pour
entraîner dans le mouvement du prolétariat organisé les
masses prolétaires encore inorganisées, mais sans le concours desquelles aucune révolution n'est possible. Par ce
fait qu'on ne peut empêcher la chose de se faire, là où les
conditions sociales la déterminent, parce que la grève, là
où le droit de coalition existe, ou se conquiert, par cet

exercice du droit de coalition, le premier des droits ouvriers, engage une lutte d'un caractère nouveau, par sa généralisation, qui n'est devenue et ne devient possible que par la croissance de l'organisation et de la conscience du prolétariat. Et les faits ont démontré que la grève, qui est d'abord celle des bras croisés, ne tarde pas, si les circonstances économiques et politiques la développent, la généralisent, à devenir la grève révolutionnaire, c'est-à-dire ce que l'on peut, dans ses aboutissants, appeler du nom que l'on voudra : révolution, insurrection, etc., qui peut être défaite, mais qui, un jour, pourra être et sera victorieuse, quand les conditions sociales de cette victoire seront réalisées et à la condition nécessaire aussi, que le prolétariat syndicalement et politiquement organisé entrera résolument dans cette voie en reconnaissant la valeur de cette arme, d'autant plus formidable qu'une organisation plus forte et mieux préparée la maniera.

A Lille, nous avons déjà, dans le Congrès du Parti Socialiste de France, discuté cette question et sommes arrivés à une transaction. La motion transactionnelle, portée à Amsterdam, disait que nous admettions le recours à la grève générale, mais que nous laissions au prolétariat syndicalement organisé le soin de décider si cette grève devait avoir lieu. Nous admettions donc, ainsi, dans une fraction importante du Parti Socialiste, et l'autre fraction n'y a pas contredit, le rôle révolutionnaire du prolétariat syndicalement organisé. Il n'est donc plus possible aujourd'hui de le lui contester. Il faut le reconnaître expressément.

La C. G. T. a conscience de son rôle révolutionnaire et, lorsqu'elle entend dire que, par une résolution, celle de la Dordogne, nous pourrions penser lui dénier ce rôle, elle répond, qu'à son avis, la voter ce serait lui déclarer la guerre. Certainement, dans la pensée de ceux qui proposent la motion de la Dordogne, il n'y a aucune pensée de cette nature. Les camarades qui ont pris la parole à cet égard ont dit que l'on veut étendre au reste du pays ce qui existe dans le Nord, qui a une organisation très forte, que nous admirons, et que les conditions particulières dans lesquelles elle s'est développée devraient être étendues à tout le reste du pays. Mais les conditions ne sont pas les mêmes partout : les conditions sont multiples et diverses dans le pays, et l'évolution de ces formes et de ces forces doit rester libre, ne pas être contrariée par des règles arbitraires. Tous les phénomènes sont déterminés par l'évolution économique, mais les formes premières de leur formation et de leur développement social sont diverses suivant le tempérament, les idées, les circonstances locales et générales, en un mot la constitution aussi bien matérielle que morale, en chaque région, du peuple français. Ayant la conception de ces conditions nécessaires de libre évolution de l'organisation du prolétariat, au lieu de les vouloir fausser par des fantaisies, volontés ou règles arbitraires, nous devons avoir l'esprit, à ce point de vue, aussi ouvert, aussi libéral que possible. Nous ne voudrions pas, pour le Parti Socialiste, que, dans un Congrès, pas plus que dans le Parti lui-même, il y eut jamais un équilibre faussé au profit des uns et des autres ; nous y voulons une balance vraie des forces pour que l'unité socialiste devienne non pas seulement une constitution verbale, mais une constitution réelle. De même, nous voulons que l'organisation syndicale du prolétariat se fasse librement, sans intervention extérieure, dans les conditions où elle peut se faire, sans qu'elle soit en rien contrariée, surtout par nous et sous aucun prétexte. Le développement de l'organisation syndicale et politique du prolétariat s'effectuera ainsi certainement avec son éducation économique et politique, et c'est, conformément à la motion du Cher, ce développement, cette éducation que nous devons seconder et non pas entraver. (*Applaudissements.*)

Je ne veux pas m'étendre davantage sur ces questions, dont la considération doit dicter notre décision. Je veux maintenant parler des motions en présence. La motion du Cher est la conclusion logique des idées et des faits que j'ai exposés. Elle a pour le Parti Socialiste, pour ses rapports avec la C. G. T., tous les avantages. Elle répond à la résolution d'Amiens en des termes qui ne sont pas semblables, mais dans un esprit semblable. Elle dit à la C. G. T. cette parole essentielle : ni demain ni jamais, nous ne voulons ni vous dominer, ni vous régenter, ni vous contrôler ; nous voulons que spontanément vous compreniez, par le fait même que vous n'avez plus sujet de méfiance, que vous n'avez jamais de méfiance à avoir de nous, que vous avez un intérêt réel non pas à nous nier ou à nous ignorer, mais à nous comprendre comme nous vous comprenons. S'il y a une supériorité de notre côté, c'est que nous vous comprenons et votre rôle, en même temps que nous comprenons le rôle que nous jouons et nous vous appelons à comprendre de même quelle est notre fonction. Nous sommes sûrs, parce que nous avons confiance en votre intelligence, l'intelligence du prolétariat français, que, tout motif de défiance disparu, vous comprendrez la nécessité de l'action et du rôle du Parti Socialiste, de l'organisation politique directe du prolétariat. Par conséquent, nous n'avons pas à chercher, à faire ou vous imposer un effort pour vous faire accepter ce que vous repoussez maintenant. Nous savons, par les rapports meilleurs qui en ont résulté, que la résolution qui a été prise à Limoges vous a donné satisfaction, parce qu'elle était une déclaration que nous ne voulions pas vous violenter, que nous ne voulions pas définir votre rôle, que nous n'avions pas plus à le définir qu'à le limiter, et qu'à vous seuls nous laissions le soin de le définir. Voilà pourquoi il nous faut voter la motion du Cher, qui est la reproduction de celle de Limoges, avec de simples changements de termes, pour sa présentation à Stuttgart.

Dans la motion de la Dorgogne, il y a tout le contraire ; le commentaire qui en a été donné le montre. Je sais bien

que la résolution a modifié l'ancienne résolution du Nord,
qu'elle est faite dans des termes qui la rapprochent plus de
notre motion, mais elle définit, en dehors d'eux et de leur
consentement, le rôle de la Confédération et des Syndicats
et le limite contrairement à leur conception et volonté. Si
nous l'adoptions, nous considorerions que c'est une simple
amélioration des rapports ouvriers et patronaux que se
proposent la C. G. T. et l'organisation syndicale. Et, de
plus, contrairement à la volonté formellement exprimée de
la C. G. T., nous prendrions charge de pourvoir à ce que
les rapports et les combinaisons reconnus utiles par nous
fussent réalisés ; nous déciderions de rechercher ces accords
officiels dont la Confédération ne veut à aucun prix.(*Applaudissements.*)

Que gagnerait-on à cela ? Rien, si ce n'est de faire suc-
céder à un état de détente continu, un état de guerre. Je ne
dis pas du tout que ceux qui ont écrit la motion ont eu cette
intention, je dis que en est le résultat inévitable. Et il ne
s'agit pas, je le répeterai toujours, de questions de tendances et de nuances ici représentées. J'examine la question
en elle-même, pour sa meilleure solution socialiste et syndicale, en dehors de toutes compétitions de nuances. Je ne
veux pas que des nuances empiètent les unes sur les autres,
je veux, dans l'intérêt du Parti, leur équilibre, je considé-
rerais une pensée ou action contraire à cet équilibre comme
une trahison de l'idée socialiste. (*Apalaudissements.*) Le
jour où je verrais une nuance menacée, je me porterais de
son côté, même si la sympathie à son égard me faisait
défaut. (*Applaudissements,*) Il me semble que cela doit être
dans l'état d'esprit de chacun et que nous devons nous
demander : comment pouvons-nous le mieux faire par une
résolution qui réponde à l'intérêt commun du Parti Socialiste et en même temps du syndicalisme? Cette résolution,
c'est celle du Cher; pour les mêmes motifs que nous
l'avons prise à Limoges au point de vue de la France, nous

la prenons maintenant pour présenter ce point de vue à
l'Internationale. J'ai expliqué que la motion de la Dordogne était exactement le contraire. Elle limite le rôle de la
C. G. T., elle nie la partie de ce rôle dont elle est le plus
jalouse, son rôle révolutionnaire, et décide, sans la con-
sulter, de relations à établir. La résolution de la Dordogne
n'admet que le rôle syndical d'amélioration des conditions
actuelles de l'ouvrier. Ces négations et limitations des rapports supposés, imposés, seraient tenues pour offense et
danger par les syndicalistes, tous jaloux de leur autonomie,
comme nous de la nôtre. Ce serait, en outre, fortifier parmi
eux ceux encore trop nombreux qui le prétendent à tort,
qu'à eux seuls ils peuvent faire l'œuvre du prolétariat et la
Révolution. Nous leur disons, à ceux-ci : Vous vous trom-
pez, mais nous n'avons pas à vous détromper autrement
que par la réalité vivante de nos actes; vous reconnaîtrez
que nous sommes vos amis sincères. Pour ma part, j'aime
passionnément la C. G. T. comme le Parti Socialiste,
et naturellement, pour la même raison que je ne voudrais
pas qu'une fraction en écrasât une autre parmi nous, ou
que la C. G. T. nous combattît, ou nous méconnût, pour la
même raison je n'admettrais pas que rien se fît, par nous,
contre la C. G. T. Et dans un cas pareil, que le Parti
saura éviter, je passerais à la C. G. T., si j'étais syndi-
cable, plutôt que de m'associer à cela. Mais je me garde de
supposer, de croire, que jamais le Parti Socialiste aie la
pensée antisocialiste de vouloir empiéter sur la Confédération ou de la dominer. (*Applaudissements.*)

Les deux organes également nécessaires de l'action et de
l'émancipation prolétaire doivent marcher à l'entente, non
à la discorde.

C'est dans ces conditions que je vous demande d'accepter
la motion du Cher qui est, je le répète, le maintien du
statu quo, de l'état de paix et d'entente progressive spontanée, établi par les résolutions de Limoges et d'Amiens.

Elle est la déclaration à la Confédération que nous ne voulons pas de contrôle, ni d'empiètement de part et d'autre, et que nous sommes certains que la seule voie pratique de l'entente et du concert ultérieurs, se peut tracer par les actes concordants, motivant des accords spontanés et qui ont pour le rapprochement d'autant plus de valeur qu'ils sont plus spontanés, qu'ils sont mieux le produit des circonstances et de la situation en même temps que d'une confiance mutuelle et par là, déterminent mieux, de chaque part, les conditions et fonctions d'une action concordante.

Parvy, en particulier, nous a énuméré pendant un temps assez long, et ainsi c'était en réalité notre thèse qu'il soutenait, toute la série des actes dans lesquels s'étaient réunis spontanément, sans en convenir auparavant, dans une action commune les membres de la C. G. T. et ceux du Parti, et je dis : C'est cette rencontre dans une action commune qui fait l'union réelle. Plus les syndiqués et les révolutionnaires socialistes, d'ailleurs tous syndiqués et animant les Syndicats de l'esprit socialiste, se seront rencontrés dans des actes communs, menant le même combat, se trouvant sur le même terrain, parlant un langage semblable, plus, par là, croîtra le rapprochement, l'accord, l'unité de l'action syndicale et politique du prolétariat militant. Le seul moyen de faire cet accord prochain, c'est de faire le plus possible des actes d'effet concordant, une lutte commune : Nous pouvons nous rencontrer à chaque instant et dans des grèves et partout, et c'est dans ces rencontres, qui deviendront de plus en plus fréquentes au fur et à mesure que nous mènerons une action plus révolutionnaire, et que les syndiqués mèneront une action plus élargie et plus grande que nous nous rapprocherons, que se fera l'union, le concert que tous nous désirons, mais dont le seul moyen de réalisation est, je le répète, dans l'action et par l'action.

Qu'avons-nous donc à faire ? Avons-nous, après neuf mois, à changer cette politique, notre résolution de Limoges ?

Non, elle n'est pas à changer. Les appréhensions dont je voudrais voir disparaître toute trace, qui ont excité beaucoup de syndiqués contre nous, sont en train de disparaître par le fait de la résolution de Limoges et de la politique qu'elle exprime. Chaque jour, par elle, s'améliorent les rapports. Je n'insiste pas davantage sur ce qu'ont dit à ce sujet Lagardelle, Laudier et le citoyen Dondicol dans son excellent discours... mais il est bien évident que, par la disparition des défiances, par les actes communs, le rapprochement se fait chaque jour, une compréhension semblable de part et d'autre se produit de plus en plus, et elle ira toujours croissant. Pourquoi voudriez-vous, alors que vous avez la preuve par le fait, que la résolution de Limoges que vous avez prise, a toutes les conséquences profitables, désirables, pourquoi voudriez-vous y rien changer, par une résolution qui comme celle de la Dordogne, porte à la Confédération Générale du Travail non pas une parole d'amitié, mais ce qu'elle considère, elle, comme une parole de provocation, parce qu'elle y voit comme l'annonce d'une mainmise cherchée sur elle. Voilà les raisons que nous avons de repousser la motion de la Dordogne et d'accepter la motion du Cher.(*Approbation.*)

Il y a une difficulté apparente de présenter à Stuttgart la motion du Cher, c'est-à-dire la motion du Tarn renouvelée sous sa forme internationale. Nous ne pouvions apporter à Stuttgart une résolution d'ordre tout national et dans laquelle on parlait de la C. G. . il y a bien l'équivalent dans d'autres pays, des organisations équivalentes de Syndicats, mais avec des différences de formes et d'évolutions, et arrivés par là, à un autre moment, à une autre forme de rapports avec le Parti solialiste.

Il fallait donc reprendre la motion du Tarn et lui donner une forme plus générale. C'est alors qu'on nous dit : Mais dans les autres pays, les choses ne se sont pas passées ainsi. Si j'avais eu à reprendre l'historique de ces formations syndicales à l'étranger, j'aurais semblablement à ce qu'a fait

Lauche, montré comment, par le fait même des actions différentes des Syndicats et du Parti, et par la complexité de ces actions, l'organe syndical et l'organe politique socialiste du prolétariat en chaque pays s'étaient séparés, suivant leurs fonctions, en deux organisations distinctes dont la formation, l'évolution, les rapports avaient été et étaient déterminés par les conditions spéciales de leur milieu national. Si différentes des nôtres qu'aient pu être ces conditions, une conséquence commune, une nécessité de l'évolution a été la formation distincte des Syndicats et du Parti Socialiste, cette formation ayant en chaque pays son histoire propre. Tant que nous nous réunissons dans un Congrès national, nous apportons les uns et les autres des résolutions qui sont inspirées par l'état spécial et particulier de chaque pays. Nous disons ce qui dans notre pays, au point de vue syndical et politique, nous paraît le plus convenable pour permettre le développement syndical et politique socialiste dans notre pays; de même les autres pays apporteront des résolutions correspondantes. Elles seront très probablement différentes, parce que leurs constitutions syndicale et politique sont différentes. (*Applaudissements.*)

Mais alors on nous dira : Si dans la majorité des pays, cette séparation et autonomie des organisations syndicale et politique de la France ne s'est pas réalisée de même, on va faire une résolution commune qui sera une sorte de moyenne dans laquelle la quantité française étant en minorité infime sera éliminée. C'est mal comprendre ce qu'est l'Internationale. Elle n'a jamais eu pour objet d'empêcher, d'entraver un mouvement dans un pays au profit d'autres pays, mais d'assurer à chaque pays les conditions de son développement avec l'appui et le concours des autres pays. (*Approbation.*) C'est ce que nous demandons. Nous dirons : Voici les conditions qui en France permettent à la nation socialiste de s'organiser et développer tant au point de vue syndical qu'au point de vue polique. Ces conditions sont pour nous essentielles, nous les avons adoptées nationalement. Nous demandons à l'Internationale de prendre une résolution qui, de quelque façon qu'elle soit formulée, ne s'oppose pas à notre liberté d'action, de telle façon qu'elle n'apparaisse pas comme une contradiction avec notre politique nécessaire exprimée par la motion que nous déposons et qui est notre règle nationale. Il ne sera pas impossible, il sera facile de trouver le procédé, qui, tout en indiquat le but ultérieur de l'unité ouvrière, indique qu'on laisse à la France les conditions de sa réalisition telle que l'indique la motion du Cher, c'est-à-dire en laissant actuellement dans une entière séparation autonome, les deux organes distincts du syndicalisme et du socialisme français.

Il résulte de là, la preuve de la nécessité de voter la motion du Cher, c'est-à-dire une motion qui fasse connaître à l'Internationale et lui dise nettement la situation, l'évolution française, dont nous lui demandons au moins de tenir compte. Nous avons confiance, car il y a certitude, que dans la coordination générale des libertés et actions prolétaire et socialiste nationales qui est le rôle et la règle de l'Internationale, elle ne peut penser à nous imposer une méthode qui n'est pas la nôtre. Nous pouvons être tranquilles. Aussi, je vous dirai, comme l'écrivait à peu près, il y a quelques jours, un militant de la Confédération Générale que je connais et que j'apprécie particulièrement, Latapie : Ne touchez pas à une résolution qui amène tous les jours un rapprochement moral plus grand, qui nous permet de coopérer, de combiner nos efforts, et n'y substituez pas une motion quelconque qui, en changeant cet état de choses, compromettrait cet accord futur et les rapports commençants entre la C. G. T. et le Parti Socialiste.

Dans ces conditions, sans vouloir en dire davantage, je vous demande de rejeter la motion de la Dordogne et de voter la motion du Cher. (*Applaudissements.*)